SUELI DE SOUZA CAGNETI
CLEBER FABIANO DA SILVA

LITERATURA INFANTIL JUVENIL:
diálogos Brasil-África

SÉRIE
CONVERSAS COM
O PROFESSOR

autêntica

Copyright © 2013 Sueli de Souza Cagneti, Cleber Fabiano da Silva
Copyright © 2013 Autêntica Editora

Todos os direitos reservados pela Autêntica Editora. Nenhuma parte desta publicação poderá ser reproduzida, seja por meios mecânicos, eletrônicos, seja via cópia xerográfica, sem a autorização prévia da Editora.

COORDENADORA DA SÉRIE CONVERSAS COM O PROFESSOR
Sonia Junqueira

CAPA
Christiane Costa

PROJETO GRÁFICO DE MIOLO
Diogo Droschi

REVISÃO
Carolina Lins
Priscila Justina

DIAGRAMAÇÃO
Christiane Costa

EDITORA RESPONSÁVEL
Rejane Dias

Dados Internacionais de Catalogação na Publicação (CIP)
(Câmara Brasileira do Livro, SP, Brasil)

Cagneti, Sueli de Souza
  Literatura infantil juvenil : diálogos Brasil-África / Sueli de Souza Cagneti, Cleber Fabiano da Silva. -- 1. ed. -- Belo Horizonte : Autêntica Editora, 2013. -- (Série Conversas com o Professor, 3)

  ISBN 978-85-8217-282-7

  1. África - História 2. Afro-brasileiros 3. Cultura - África 4. Multiculturalismo 5. Pluralismo (Ciências sociais) 6. Professores - Formação I. Silva, Cleber Fabiano da. II. Título. III. Série.

13-08621   CDD-370.71

Índices para catálogo sistemático:
1. Formação de professores : Cultura afro-brasileira
e africana : Educação 370.71

AUTÊNTICA EDITORA LTDA.

Belo Horizonte
Rua Aimorés, 981, 8º andar . Funcionários
30140-071 . Belo Horizonte . MG
Tel.: (55 31) 3214 5700

Televendas: 0800 283 1322
www.autenticaeditora.com.br

São Paulo
Av. Paulista, 2073 . Conjunto Nacional
Horsa I . 23º andar . Conj. 2301
Cerqueira César . 01311-940 . São Paulo . SP
Tel.: (55 11) 3034 4468

Agradecemos a Umberto Eco
e Jean-Claude Carrière
a ideia de uma conversa
teórica, tão bem feita por eles,
em *Non sperate di liberarvi dei libri*.

Para Anderson Duarte, presença
silenciosa e imprescindível nos
momentos da criação deste texto.
Seu apoio incondicional nos deu a
paz e o aconchego necessários
para o exercício da escritura.

9 Prefácio

13 **PRA COMEÇO DE CONVERSA...**

21 **BRASIL-ÁFRICA EM DIÁLOGO**

31 **GARIMPANDO O PROTAGONISMO
NEGRO NAS ORIGENS DA LITERATURA
INFANTIL JUVENIL BRASILEIRA**

37 **CONVERSA DE LEITORES:
LENDO AFRICANIDADES NA LITERATURA
INFANTIL JUVENIL CONTEMPORÂNEA**

57 **FIM DE PAPO**

59 Referências

Prefácio

Reginaldo Prandi[1]

Estou na posição de quem escuta uma conversa e resolve dar seu palpite, meter o bedelho. Isso mesmo. A conversa é entre Sueli de Souza Cagneti e Cleber Fabiano da Silva, e está toda registrada neste livro. *Literatura infantil juvenil: diálogos Brasil-África* é um livro que fala de livros, e seu objetivo vai muito além da crítica literária que nos oferece e que, por si só, já mereceria a recomendação de leitura por parte dos que se importam com a arte de escrever tal como é praticada no Brasil.

Literatura infantil juvenil: diálogos Brasil-África trata de livros dirigidos a leitores crianças e jovens e que trazem temas, questões, personagens e situações que falam da nossa condição de país que tem a marca da África decisivamente inscrita na cor de nossa cara, nos liames de nossa cultura, nos passos de nossa história. É, portanto, um livro sobre leituras possíveis que podem ajudar a trazer para a nossa consciência de brasileiros a presença africana que, por séculos, tentamos apagar, esquecer, anular, vitimados que fomos, e em grande medida ainda somos, pela tragédia do preconceito racial, da intolerância à diferença, da negação do outro e da recusa de nossas origens multiétnicas.

É um livro sobre as leituras possíveis que jovens e crianças podem fazer de um Brasil real e de brasileiros que vivem essa realidade. É uma conversa sobre o que nossas crianças e adolescentes podem e devem ler para acessar esse nosso lado africano; mais que isso, para aprender a respeitar e amar um legado negro que está impregnado em tudo o que aqui se

---

[1] Reginaldo Prandi é professor sênior do Departamento de Sociologia da USP e autor, entre outros livros, de *Mitologia dos orixás*, *Contos e lendas afro-brasileiros* e *Os príncipes do destino*.

faz, quer se trate de música, ritmo, dança, carnaval, teatro, que se trate de romance, poesia, culinária, artes plásticas, lutas marciais, folguedos – para não falar da própria língua que falamos, de gostos que cultivamos, de valores que orientam nossa conduta e até mesmo do jeitinho característico do brasileiro andar. Mesmo quando nossos traços biológicos o negam. Tudo, evidentemente, vivido e sentido sem que tenhamos consciência do quanto africano a gente é. Porque está tudo posto na cultura, que forma nosso espírito, como a genética conforma nosso corpo.

A conversa entre Sueli e Cleber começa, como não podia deixar de ser, comentando a lei que instituiu recentemente a obrigatoriedade, nas escolas de nível fundamental e médio, do estudo da cultura, história e literatura africana e de seus descendentes, as dificuldades de sua efetivação em face de carências de formação docente e falta de material bibliográfico apropriado. Mas não para aí. Trata dos avanços editoriais e de distribuição de livros, de programas de formação de professores e leitores escolares, fala dos livros disponíveis, que, felizmente, são editados cada vez em maior número, mais bonitos e bem-tratados literariamente. Analisa textos e ilustrações, forma e conteúdo. O debate discorre sobre cursos, encontros, oficinas, congressos. O bate-papo se volta especialmente para a necessidade de sensibilização de leitores, professores, escolas e até mesmo autores. A conversa desses dois autores cuida exatamente de sua especialidade: a relação entre o livro e o jovem leitor, e tudo o mais que os envolve. Afinal, eles são do PROLIJ, o Programa Institucional de Literatura Infantil e Juvenil da Universidade da Região de Joinville (Univille), que há quinze anos se dedica a estudar, pesquisar, orientar, reunir e formar especialistas que ajudem os pequenos novos e futuros leitores a gostar de ler e amar os livros. Antes professora e aluno, hoje colaboradores e parceiros, Sueli e Cleber conversam informalmente sobre o que sabem e fazem, como se estivessem numa atividade rotineira do PROLIJ.

A conversa de Sueli e Cleber nos faz lembrar dos tempos em que a preocupação em fazer representar na literatura infantil e juvenil a África, o africano e o afrodescendente era praticamente inexistente entre nós, mais adiante identificando aqui e ali o surgimento de personagens e narrativas negras incipientes mas emblemáticas, até o momento em que já se pode falar de uma literatura temática, específica, que ganha corpo e importância. Em certo sentido, *Literatura infantil juvenil: diálogos Brasil-África* revela-se também obra importante sobre o pensamento brasileiro, de como o brasileiro pensa seu país e de como isso tem mudado, acompanhando de modo otimista as tendências mundiais de valorização das expressões do pluralismo cultural, étnico, mestiço.

O livro e sua conversa se afirmam como orientação em favor do amor à nossa condição africana, uma arma contra o preconceito racial e cultural de que tanto padecemos. Pois é gostando dos personagens literários negros, míticos ou ficcionais, se divertindo com suas aventuras e compartilhando pela leitura suas ações e pensamentos que a criança e o jovem podem se tornar sensivelmente imunes ao contágio por fontes de preconceito que setores e agências atrasados da sociedade, infelizmente, ainda alimentam. Uma sociedade tolerante e igualitária é uma sociedade melhor, e os livros podem ajudar na caminhada. O que o livro de Sueli e Cleber deseja é ajudar os outros livros a cumprirem seu papel formador, porque entre o livro e seu leitor muitos são os obstáculos a serem vencidos, muitos atalhos devem ser tomados. Atalhos que Sueli e Cleber nos indicam com sabedoria, competência e amor. Enfim, acho que esse é o tema da conversa deles.

Pra começo de conversa...

> *Guardar uma coisa não é escondê-la ou trancá-la.*
> *Em cofre não se guarda coisa alguma.*
> *Em cofre perde-se a coisa à vista.*
> *Guardar uma coisa é olhá-la, fitá-la, mirá-la por*
> *admirá-la, isto é, iluminá-la ou ser por ela iluminado.*
>
> Antonio Cicero

Cleber: Por que *Literatura infantil juvenil: diálogos Brasil-África*?

Sueli: Nada mais pertinente para os dias de hoje do que conversas em torno de obras literárias que passaram a se construir a partir de memórias ancestrais. A atualidade tem se revelado uma resgatadora de valores, mitos, ritos, objetos de arte, objetos do cotidiano, pensares, músicas, contos. Enfim, todas as manifestações e fazeres culturais e sociais da humanidade, de certa forma, vêm sendo ressignificados, customizados, desconstruídos, reavaliados e/ou reapresentados com novas roupagens. Afinada com esse pensar contemporâneo, chega às escolas uma lei (BRASIL, 2003) que determina o estudo da cultura, história e literatura africana e de seus descendentes.

Cleber: Como você avalia essa lei?

Sueli: A avaliação não poderia ser mais positiva em função antes de tudo do débito que nós, brasileiros, temos com essas etnias, suas histórias, sua arte, sua cultura, inclusive suas vidas, que foram por nós, durantes séculos – se não ignoradas –, subestimadas. Além disso, numa via de duas mãos, por trazer à tona a história, a cultura e a arte desses africanos de diferentes partes da África e de seus descendentes aqui no Brasil, enriquecer também o mundo dos brancos, que – por preconceito ou por ignorância – até então, na sua maioria, as desconheciam.

Cleber: E, para além das garantias dos aspectos legais, quais outros desdobramentos você poderia acrescentar como consequência dessa mudança na legislação?

Sueli: Oportunamente, essa lei chega colocando em foco uma literatura cujas narrativas, carregadas de mitos e ritos, respondem às ansiedades do homem contemporâneo, cansado da não explicação dos mistérios da vida e da morte. Ou ainda, digamos mais especificamente, da condição humana pela ciência que, definitivamente, tem tocado sempre mais nas questões tecnológicas e sempre menos nas questões humanas. A humanidade tem sentido o vazio da não presença de verdades, de respostas às suas inquietudes, de consolo e justificativa à sua finitude. Os mitos sempre estiveram presentes respondendo a essas questões que têm sido as mesmas desde que o homem se viu homem. E nas histórias preservadas pela oralidade, seja da cultura indígena, seja da cultura africana, saltam aos olhos os mitos e os ritos que respondem a esses questionamentos.

Cleber: Isso é importantíssimo, principalmente, ao se levar em consideração que a lei propõe trazer o negro para a cena, dessa vez, figurando como protagonista.

Sueli: É, Cleber. Felizmente já se foram os tempos em que o negro era alguém à parte na sociedade brasileira. Hoje passamos a ter, ou ao menos buscar, a consciência de que ele é tão brasileiro quanto qualquer outro nascido aqui, independentemente de cor, laço social, sobrenome, ocupação, religião, hábitos, escolaridade ou o que quer que seja.

Cleber: Essa mudança de pensamento conduz à ideia do que a própria legislação e, antes dela, os movimentos negros e a população esperam: inserção social e igualdade de condições. Para tanto, deve-se assimilar esses conceitos. Você acredita que a escola tenha alcançado o real sentido dessa lei?

Sueli: Uma das razões deste livro é, justamente, ser um apoio ao professor que – pego de surpresa – deve incluir em seu planejamento, seja ele de arte, de literatura ou de história, as questões indígenas e afrodescendentes.[2] Discutiremos alguns temas pertinentes às africanidades e às produções de africanos e afro-brasileiros ou escritores de outras etnias que possam servir de suporte para o preparo das aulas em conformidade com a lei citada. Eu vejo que a escola tem recebido essa lei como tantas outras inovações já recebidas: as imposições chegam ao professor sem que ele tenha sido preparado para tanto. Assim como um dia começou-se a exigir da escola que lidasse mais de perto com a literatura para crianças e jovens, sem que seus professores estivessem preparados para isso, hoje se repete essa mesma situação em relação a essas culturas. No que diz respeito à Literatura Infantil Juvenil[3], por exemplo, atualmente a questão começa a ser resolvida, uma vez que se encontra contemplada na maior parte das grades curriculares dos cursos de Letras e Pedagogia. Possivelmente, acontecerá o mesmo com o trabalho junto às culturas ora exigidas. No entanto, enquanto tal não acontece, é nos livros didáticos e teóricos que os professores buscam apoio para sua prática e é o que se pretende fazer aqui: amenizar o susto daqueles que devem levar para sala um assunto sem dispor de material específico ou das condições necessárias para manuseá-lo.

Cleber: E de que forma essa ajuda pode acontecer?

Sueli: Antes de qualquer questão, creio que fica evidente, Cleber, nossa intenção em olhar, refletir e pontuar questões relativas à urgência do trabalho escolar quanto à obediência da lei – aqui já citada –, de forma a modificar o encaminhamento dado pela escola à presença do negro no Brasil. Sabe-se que o enfoque do ensino sempre foi o de inserir na disciplina de História não só, mas basicamente, as razões e as formas da escravidão negra, a abolição e suas razões também, embora – ressalte-se – sempre do ponto de vista do branco, além de aqui ou acolá

---

[2] Naturalmente que, nesse caso, estamos dando ênfase a esses aspectos mais evidenciados pelas diretrizes curriculares. Sabemos, porém, que desdobramentos acontecerão no tocante a outras áreas como geografia, religião, sociologia, filosofia, antropologia, enfim, nas mais variadas áreas do conhecimento humano.

[3] Optamos por usar a nomenclatura literatura infantil juvenil por entendermos que ela é mais abrangente no que se refere à criança, ao adolescente e ao jovem, e por entendermos também que a chamada literatura infantojuvenil refira-se mais especificamente ao leitor intermediário entre a criança e o jovem. Além disso, essa literatura infantil juvenil tem oportunizado um trânsito bastante grande entre essas diferentes faixas etárias, não se limitando a dirigir-se a uma faixa etária estanque: infantil, infantojuvenil ou juvenil.

referendar a contribuição do negro no modo de ser brasileiro, quase sempre e acentuadamente em seus fazeres (rezas, pratos típicos, crenças, danças). Dificilmente se viu um trabalho mais efetivo até o presente momento quanto à real cultura desses povos, quanto à sua divisão em etnias, quanto às diferenças existentes entre os diversos países africanos em relação à língua, à fé e ao trabalho de seus homens, aos costumes e fazeres particulares, segundo o espaço que ocupavam no mundo, na sociedade em que viviam. O trabalho escolar durante um tempo, além do compreensível, infelizmente, nos fez olhar o negro para cá trazido como sendo uma espécie única, sem características próprias que os diferenciassem uns dos outros. Obviamente, tornava-se mais simples colocá-los todos juntos – como foi feito com os povos indígenas que aqui viviam – como um grande amontoado de seres inferiores aos brancos e, portanto, iguais na sua selvageria, segundo conceito dos colonizadores, e reforçado pelos seus catequizadores católicos.

Cleber: E de que modo você acredita que essa conversa possa contribuir com os professores atuantes na educação infantil e nos ensinos fundamental e médio, que ainda são fruto desse tipo de construção?

Sueli: Creio que aqui, Cleber, está a grande razão da nossa conversa, pois ela se centrará basicamente na discussão da literatura voltada para crianças e jovens que – escrita ou não por africanos e afro-brasileiros – apresenta o negro como protagonista de contos, lendas, romances, novelas, mitos e/ou o universo étnico-cultural, racial e sociopolítico de seus escritores (africanos e afro-brasileiros).

Cleber: Você poderia argumentar, de forma mais clara, o seu entendimento acerca do papel que a literatura teria nesse caso?

Sueli: Acredito num trabalho efetivo com a literatura, pois, como arte e não catecismo, ciência ou jornalismo – despretensiosamente –, vai desconstruindo valores solidificados, visões de mundo cristalizadas, relativizando ideias e sugerindo ressignificações que possam oportunizar novos modos de encarar a vida, a morte e os homens a ela presos, dada a sua condição de que – por razões que não cabem aqui serem discutidas – delas não são senhores absolutos.

Cleber: Livros que tratam dessa temática não faltam no mercado editorial brasileiro, que tem mostrado bastante interesse nessa área.

Publica-se uma quantidade significativa de obras que contemplam histórias da tradição oral africana, notadamente, de seus ritos e mitos ancestrais, bem como releituras dessa cultura que são produzidas por escritores afro-brasileiros ou de países africanos, principalmente de língua portuguesa.

Sueli: O mercado editorial, como sempre muito atento, já se fez presente a mancheias nesse debate. No entanto, deve-se considerar que, ao lado de obras juvenis significativas como a do angolano Ondjaki – *A Avó Dezanove* – ou da brasileira Nilma Lacerda – *Sortes de Villamor* –, temos produções fraquíssimas, questionáveis, que em vez de iluminar a questão afro e suas especificidades reforçam os estereótipos[4] mais do que consolidados. Obras infantis como *Obax*, do brasileiro André Neves, e *O coelho que fugiu da história*, do moçambicano Rogério Manjate, convivem lado a lado com produções menores que, simplistamente, buscam incluir ou destacar a importância dessa questão etnorracial na formação do povo brasileiro. São narrativas compostas por criações estéticas enriquecidas pelo forte e significativo diálogo que fazem com a linguagem visual nelas presentes (no primeiro caso, criadas pelo próprio autor do texto e, no segundo, por Florence Breton – na edição brasileira). Encontram-se ainda obras de resgate de mitos em livros como *Ifá – o adivinho*, *Xangô – o trovão* e *Oxumarê – o arco-íris*, escritos por Reginaldo Prandi, acompanhados de ricas ilustrações na mesma estante de "livrinhos" redutores a adaptar e ou a parafrasear mitos, cuja essência se perde por conta do trabalho irresponsável e até desrespeitoso de certos pseudoescritores. Se nosso livro pretende auxiliar o professor nessa seleção, logicamente ele vai buscar apontar caminhos metodológicos para a exploração dos títulos que de alguma forma poderão contribuir para um trabalho mais competente dessa temática. Como você, que trabalha com professores em oficinas e cursos de pós-graduação, tem encaminhado esse trabalho?

---

[4] De modo geral, a literatura trabalha com estereótipos, uma vez que, ao caracterizar ou tipificar um personagem, busca nas questões comuns a determinados contextos, sejam históricos, geográficos, sejam sociológicos, comportamentais, as marcas que definirão especialmente os protagonistas ou antagonistas de suas criações. O que não invalida a discussão que se quer fazer ao desmonte dos estereótipos negativos que se criaram em torno da figura do negro em nosso país.

Cleber: Os procedimentos metodológicos tornam-se visíveis durante o processo de seleção. As divisões em categorias denominadas informativos, literários e de recolhas permitem conhecer a função de cada livro e anunciam a natureza de sua exploração lúdica. Naturalmente, deve-se levar em conta o protagonismo do negro. Sempre. Aliás, essa representação nas obras destinadas às crianças parece trazer inovações nos aspectos estéticos.

Sueli: Reforçando as questões já colocadas anteriormente, de que existem livros e livros, logicamente, também nesse aspecto existem aqueles que primam pela qualidade visual, pelo cuidado no projeto gráfico, pela retratação da arte africana como um todo, no uso das cores, das texturas ou dos recursos, tanto nas ilustrações propriamente ditas quanto numa linguagem visual mais sofisticada, que não apenas ilustra mas dialoga com o texto verbal. Há ainda as narrativas visuais, cujos exemplos primeiros, e − vale ressaltar − extremamente significativos nesse plano, são os brasileiríssimos *Outra vez* de Angela Lago (1984) e *O almoço* de Mario Vale (1987), que, além do cuidado estético, primaram pela inserção do protagonismo do negro em suas histórias.

Cleber: É verdade, Sueli. Teremos a oportunidade de analisar e aprofundar essas questões com mais propriedade, pois sabemos da importância que a imagem tem nos livros para crianças, principalmente para as que ainda não dominam o código verbal, podendo fazer suas próprias leituras e, nesse caso, apropriar-se desses conceitos. Penso também que as discussões que temos tido em torno dos critérios de qualidade continuam valendo por se tratar, primeiro e acima de tudo, de literatura. Onde, então, residiria o diferencial para um trabalho verdadeiro e efetivo a partir dessa temática?

Sueli: Antes de qualquer trabalho que o professor vá fazer com essa arte, precisamos reconhecer que esses negros que para cá foram trazidos − de forma arbitrária − trouxeram diferentes crenças, culturas, práticas sociais e religiosas, manifestações artísticas, e aí reside a grande riqueza de nosso país: pelo sincretismo, pela possibilidade de relativização de valores e pelas diferentes visões de mundo que transformam o olhar do brasileiro num verdadeiro caleidoscópio. Afinal, se esses diferentes povos chegaram amalgamando diferentes óticas, diferentes éticas, diferentes visões de mundo, com olhares estéticos distintos, em relação seja à música, seja à imagem, seja à palavra, com danças religiosas endereçadas desde orixás até santos católicos, passando pela referência rígida e absoluta a Alá, obviamente seria redutor demais permitir que o estudo da negritude feito na escola partisse de um ponto único.

Cleber: É de extrema importância esse cuidado, afinal, a nossa história inteira foi contada a partir de uma visão unilateral. Nos próximos capítulos teremos a oportunidade de conversar mais sobre o tema e arejar esses pontos de vista.

Brasil-África em diálogo

Cleber: Essa imagem anterior, de Mauricio Negro, ilustra o livro *A tatuagem: reconto do povo Luo,* de Rogério Andrade Barbosa, e mostra, de modo artístico, algo que na filosofia contemporânea vem sendo discutido a partir de termos como "hibridismo", "mestiçagem", "multiculturalidade".

Sueli: É verdade, Cleber, olhando essa imagem, o que nos vem à mente de imediato é o quanto temos sido – metaforicamente – tatuados pelas diferentes culturas que nos constituíram e continuam nos constituindo. Vivendo nesse mundo multifacetado, mestiço, no qual as fronteiras mais rígidas vêm sendo derrubadas cada vez mais, como que invadidos pelos bárbaros e agindo também como bárbaros,[5] temos nos transmutado uns aos outros, deixando marcas e recebendo-as como tatuagem que, uma vez impregnada na pele, dela nunca mais se tira.

Cleber: Parece que você acredita na importância e vê com bons olhos essas marcas, Sueli. Poderíamos conversar um pouco mais sobre isso?

Sueli: Vejo que um bom exemplo é o próprio livro do qual recortamos a imagem acima. Nele, Rogério Andrade Barbosa apresenta esse reconto da tradição oral da etnia Luo, cujo mote é o embelezar-se das moças "casadoiras" com tatuagens coloridas por todo o corpo. Quanto mais tatuado o corpo, mais rica se torna a pretendente aos olhos dos interessados.

Cleber: Isso é verdade, Sueli. A protagonista da história de que estamos falando modifica seu destino justamente por essas marcas tatuadas em seu corpo. Se fizermos um exercício de pensamento e voltarmo-nos para questões como a ideia de raça pura, do arianismo que estimulava um padrão sem misturas, percebemos que em nossa sociedade já há quem valorize justamente um indivíduo cujas marcas são oriundas e misturadas com outras genéticas, outras culturas, outros idiomas, novas formas de concepção de vida e de olhar para e sobre o mundo. Toda essa riqueza que habita esse ser plural e com maior capacidade de entrega e de enxergamento vem constituindo o pensamento do homem contemporâneo.

Sueli: Quero citar um trecho do livro em questão para exemplificar a minha próxima fala. "Os rapazes não a deixavam em paz.

---

[5] Conforme ideia proposta por Alessandro Baricco no livro *I Barbari: saggio sulla mutazione.*

Conversas com o Professor

Maravilhados com a beleza das tatuagens que cintilavam como as estrelas do céu, propunham-lhe casamento. Inclusive o grande campeão Rumbe" (2012, p. 23). Acredito que, para além das tatuagens que são marcas entranhadas apenas na superfície, existem aquelas que se infiltram no outro, sejam elas marcas genéticas ou culturais, e que, logicamente, estão vinculadas a esse todo, seja ele de superfície ou não. O que não se pode perder de vista é que o indivíduo uma vez tocado por outros olhares, procederes ou crenças deixa de ser o mesmo.

Cleber: Essa é a grande questão do nosso diálogo: sair da superfície e entrar em aspectos mais complexos desvelando além do que se vê na aparência. Muito acima das exigências legais ou curriculares, pretende-se que o professor perceba que qualquer mudança só pode ocorrer a partir da entrega, da compreensão e do aprofundamento acerca desse assunto, tomando o máximo cuidado para não cair nas armadilhas do estereótipo tão comum na rotina escolar.

Sueli: É isso o que nos mostra o pensamento contemporâneo, e é o que vem sendo feito no mundo e, por consequência, na literatura que busca na tradição oral, na sabedoria popular, nos clássicos, fábulas, contos de fadas, novelas de cavalaria, temas para ressignificar e discutir a eterna e imutável condição humana.

Cleber: Diante disso, não se pode perder de vista que nossa história com a África se inicia através da chegada ao Brasil de grandes levas de navios negreiros, trazendo para o trabalho braçal negros de diferentes etnias: nagô, jejê, fon, banto, malê. Essa diversidade, logicamente, nos seus diferentes olhares influenciou a escritura dos afro-brasileiros e também a disseminação dos mitos e ritos que são provenientes de um imaginário tão multifacetado.

Sueli: A partir dessa discussão queremos lembrar o diálogo da África, inserindo-se no contexto brasileiro onde se consegue ver, de forma concreta – pode-se dizer corpórea mesmo –, a entrada dos valores dessas etnias nos seus mais variados aspectos como um produto que entrasse nas veias de outro corpo e se alastrasse. Essa é a representação do real conceito da mestiçagem. Naturalmente não nos referimos aqui ao elementar plano da mistura biológica, mas, em termos culturais, àquilo que, quando está na cultura do outro, se entranha na cultura de um novo ser.

Cleber: Mas esse aprofundamento teórico sem a prática não faz sentido, não ajuda na compreensão do que realmente importa, ou seja, a busca da identidade e da alteridade. Eu pediria que você aproximasse essa ideia do universo de quem vai, na prática, lidar com a vivência escolar da africanidade na literatura para crianças e jovens.

Sueli: Não adianta eu querer analisar o negro como se ele fosse um ser distanciado, fora de mim, porque ele está dentro de mim. Faz parte daquilo que me constitui, pode não estar como pele, mas ele está como valor, como crença, como manifestação, como banzo, como impulso que me move a partir desses elementos que vieram dele e que se infiltraram em mim. O exemplo prático que eu usaria é o de alguém sentado numa cadeira de hospital, recebendo numa veia um soro que contém antibióticos, analgésicos, antitérmicos, etc. Esses elementos que se infiltram nessa veia não são o transplante de um receptáculo para outro, simplesmente. Ao darem entrada nessa veia, se infiltram e se espalham por todo o organismo do receptor, conectando-se com todos os seus órgãos. Eis não a ideia do cruzamento de uma etnia com outra, seja ela do branco com o negro ou com o índio, mas do infiltramento de uma no corpo da outra, transformando completamente o corpo receptor.

Cleber: Novamente eu percebo na nossa discussão caminhos para compreendermos o papel da alteridade em nossas vidas e, consequentemente, na literatura. Poderíamos afirmar que sem isso não se pode fazer uma leitura competente de todas essas publicações. Afinal, o protagonismo do negro nesses livros é o grande mote do nosso trabalho.

Sueli: Pois é, volto a dizer que, se eu não me enxergo a partir do outro, ou seja, se não tenho consciência de que eu me constituo a partir do outro, fica difícil entender as metáforas, as alegorias, os confrontos que o texto literário propõe na relação que acaba se estabelecendo entre o leitor e os personagens ali representados. Quero dizer que, se eu não vejo o negro em mim e eu nele, pouco me servirá ler a respeito dele.

Cleber: Talvez seja por isso, então, Sueli, que alguns movimentos propostos pela escola, muitas vezes de forma simplista e redutora dessa diversidade cultural, acabam por distanciar os alunos do real significado de quem seja esse outro. Com essas reflexões percebe-se a função da escola ao lidar com a arte literária. Se essa leitura não for ampliada, pode-se perder toda a riqueza encontrada nas pausas, vazios, fissuras, enfim, nos espaços abertos proporcionados ao leitor em obras de arte. Se não mergulharmos nos conceitos que trazem as entrelinhas, sem as margens do contexto nem os diálogos propostos nos intertextos, corremos o risco de novamente reproduzirmos os discursos até agora conhecidos. Isso resultaria num equívoco semelhante ao que ocorre com as datas comemorativas estanques, como o Dia do Índio, por exemplo.

Sueli: Com certeza, Cleber. A esse respeito eu inclusive pude comprovar *in loco* o quanto a escola, nas comemorações de determinadas efemérides, não só é redutora no olhar como, muitas vezes, profundamente equivocada. Eu estava dando um curso para professores numa das capitais brasileiras justamente no Dia do Índio, quando conversávamos a respeito desses equívocos e, mais particularmente, dos relativos à cultura indígena. Estávamos trabalhando com *Apenas um curumim*, de Werner Zotz, *Tempo de histórias*, de Daniel Munduruku, e com a narrativa visual *Entre mundos*, de Adriana Mendonça, cujas temáticas centravam-se no assunto em questão. Quando saímos para almoçar, encontramos crianças que saíam da escola naquele momento e, me atrevo a dizer, fantasiadas de índio. Repito, fantasiadas, porque tinham no rosto alguns riscos coloridos e na cabeça um adorno feito de cartolina que tentava representar um cocar. O triste dessa cena não foi apenas termos visto as crianças assim iludidas, simulando a figura de indígena que quase não existe mais ou que, na verdade, nunca existiu. Essa civilização ancestral brasileira é muito mais do que uma série de riscos coloridos no rosto e uma imitação de cocar na cabeça. A tristeza do fato se evidenciava, principalmente, no orgulho que se via nas mães que levavam os pimpolhos pelas mãos, como se a escola tivesse praticado com eles um grande feito, ao olhar e representar dessa forma o diferente, o não branco, o não ocidental. Mas, pasme: o pior ainda está por vir. Sentados numa calçada dessa mesma rua, estavam uma mãe indígena e seus filhos, vendendo seu artesanato. Pergunte-me se essa família se reconheceu naquelas crianças fantasiadas ou se aquelas se deram conta, juntamente com suas mães, de que estavam diante de quem haviam festejado na escola e por quem desfilavam fantasiadas nas ruas.

Cleber: Que frustrante deve ter sido a cena! Esse episódio revela os riscos que corremos e as dificuldades também no estudo das africanidades, pois, no processo de buscar no espaço africano uma representação para o negro, há o recorte de quem conta, escreve, registra, e, portanto, o contexto que é dado já vem carregado dessa subjetividade. Se calhar, corre-se o risco de a escola festejar o "dia do negro" e caracterizar através dos elementos comuns e simplistas todo o grupo de etnias que para cá foram trazidos e anular a riqueza proveniente dessa miscigenação. Vale lembrar que, de toda essa mestiçagem (insisto que falamos para além dos aspectos biológicos), nasceram novos agenciamentos que resultaram em algo absolutamente singular, totalmente brasileiro. Desse modo, temos o carnaval carioca,[6] a festa junina, a feijoada, o maracatu, o candomblé, a umbanda, a capoeira, enfim, manifestações todas provenientes desse encontro.

Sueli: Creio que vez ou outra a literatura que se refere às africanidades e a seus desdobramentos até toca nessas questões, mas de forma mais superficial. O que se tem visto com produção mais densa em referência a essas temáticas tem sido em torno dos mitos e ritos iorubás. Aliás, essa é uma questão que mereceria um novo estudo, pois os menos informados acreditam que essas manifestações são transplantadas da África para cá, quando, na verdade, elas são produtos da diáspora.[7]

Cleber: Novamente a imagem de Mauricio Negro. Esses elementos ganharam a marca dos negros que habitavam por aqui e até hoje figuram como símbolos constitutivos do povo brasileiro. Clássicos exemplos são o carnaval e a capoeira. O carnaval, que segundo alguns estudiosos teria nascido na Grécia, foi trazido ao Brasil pelos portugueses e, em suas origens, tinha o nome de "entrudo". Em seu livro *Festas: o folclore do Mestre André*,[8] Marcelo Xavier explica que "brincar o entrudo era enfrentar uma verdadeira batalha em que os participantes atiravam

---

[6] Para saber mais sugerimos *O livro de ouro do carnaval brasileiro*, de Felipe Ferreira, e *Festas: o folclore do Mestre André*, de Marcelo Xavier.

[7] Segundo Nei Lopes, em seu *Dicionário escolar afro-brasileiro*, "diáspora" é uma palavra de origem grega que significa "dispersão". Designando, de início, principalmente, o movimento espontâneo dos judeus pelo mundo, hoje se aplica também à desagregação que, compulsoriamente, por força do tráfico de escravos e mais recentemente das péssimas condições de vida na África, espalhou negros africanos por todos os continentes. O termo serve também para designar, por extensão de sentido, a comunidade de africanos e descendentes nas Américas e na Europa.

[8] Em tempo: esse livro de Xavier acaba de ser relançado em versão acompanhada de CD cujo conteúdo reconta as partes informativas e as ilustra com músicas referentes a cada temática.

uns nos outros granadas de cera cheias de água perfumada e, quando estouravam, deixavam no ar um perfume de cravo, canela ou rosa" (2012, p. 16). Por se tratar de uma brincadeira exagerada, com o passar do tempo, os homens ricos transformaram essa festa em desfiles com carros enfeitados e bailes de máscaras, nos quais atiravam agora confetes e serpentinas. Como não podiam participar dessas brincadeiras, negros dos morros e periferias começaram a fazer as suas festas com tambores, batuques e outros instrumentos de percussão. Xavier (p. 16) afirma que "no Rio de Janeiro, esse 'carnaval negro' cresceu tanto, que foi para as ruas principais da cidade, dando origem às escolas de samba".

Sueli: Temos por aqui ainda outros movimentos folclóricos nem sempre conhecidos pela maioria dos brasileiros. Um deles é o folguedo Parafuso, típico da cidade de Lagarto no estado de Sergipe. Uma tradição popular de origem escrava que, segundo a autora do livro *Menino parafuso*, Olívia de Mello Franco:

> [...] surgiu na época em que os negros, sofridos trabalhadores dos engenhos de cana-de-açúcar, fugiam das senzalas e formavam os quilombos. Refugiados, precisavam roubar das fazendas ricas o necessário para sobreviverem. Além da comida, roubavam as anáguas brancas das sinhás que estavam estendidas nos varais e vestiam-nas umas sobre as outras, deixando as mãos livres para carregar outras coisas. Completavam o disfarce com chapéus e pintavam o rosto com barro branco. Como as pessoas que os viam achavam que fossem almas penadas, passaram a usar as fantasias nas noites de pilhagem (FRANCO, 2008, p. 31).

Desse modo, o que era feito para se defender, mais tarde virou manifesto de desabafo com cantigas de louvor a São Benedito e, hoje, uma divertida brincadeira popular marcada com coreografia e ritmos próprios. O livro de Olívia conta um pouco dessa experiência, e é lindamente ilustrado por Angelo Abu.

Cleber: Essas invenções aparecem também na culinária. Um dos grandes pratos brasileiros, a feijoada, nasceu da criatividade das cozinheiras das senzalas que aproveitavam as sobras de comida da casa-grande. O grau de *brasilidade* vem assegurado, como se pode perceber no *Novo Aurélio século XXI*, com a definição do verbete: "prato típico nacional preparado com feijão — em geral preto —, toucinho, carne-seca, carnes de porco salgadas, linguiças, etc." (FERREIRA, 1999, p.

889). As palavras do vocabulário que não se encontram no português falado em Portugal, tais como "acarajé", "mungunzá", "jerimum", "orixá", "samba", "moleque", "batuque", "banzo", entre tantas outras, também fazem parte desse legado que aqui se constituiu de forma única, por entrar em contato com a nossa paisagem natural e humana: alimentos, manifestações religiosas, clima, enfim, o espaço de modo geral, que proporcionou essa brasilidade dentro do idioma europeu, transformando-o numa nova língua. Muitos países, ao estudar a língua portuguesa, já a especificam enquanto português lusitano ou português brasileiro. O que mais me surpreende nessas manifestações é o fato de não serem apenas verificáveis de modo concreto no idioma, na culinária, no carnaval, enfim, nos fazeres culturais mais tangíveis, mas, principalmente, no jeito como o brasileiro lida com o sagrado, com a ética, com as relações entre vida e morte, com a espiritualidade, com a essência de ser brasileiro.

Sueli: Também sinto isso, Cleber. Nossa espiritualidade, por exemplo, fica muito além de tudo o que tenha sido convencionado pelas religiões. O grande diferencial nosso em relação à fé está no sincretismo religioso, oportunizado sem dúvida pela fusão da igreja católica com a crença nos orixás trazida pelos negros africanos. Dificilmente um brasileiro batizado católico passou a sua vida completamente distanciado de uma ajuda buscada num terreiro, seja de candomblé, seja da umbanda. Oportunamente a Companhia das Letras acaba de colocar no mercado *O compadre de Ogum* (parte da obra *Os pastores da noite*), de Jorge Amado. A narrativa retirada do livro escrito em 1964 e transformada em minissérie em 1995, hoje figurando como obra independente, é o retrato mais que fiel desse nosso ser multifacetado em relação ao divino. Você que é batizado católico e iniciado no candomblé, como vê essa interdependência de nossas crenças retratada nessa edição de *O compadre de Ogum*?

Cleber: Uma curiosidade fascinante no sincretismo dessas religiões eu vi personificado na entrada do terreiro de candomblé. Uma enfeitadíssima árvore de Natal, com direito a todos os códigos e símbolos cristãos nos detalhes, estava presente na sala de convidados. Naturalmente que sociólogos e antropólogos já descreveram tantos outros exemplos, mas, quando vivemos essas situações, somos tomados por essa realidade. Quando o assunto é religião, a teoria não dá conta do mais essencial: os ritos experimentados e a sensação de transcendência. Por conselho da ialorixá, passei de pesquisador a iniciado, pois, segundo ela, "candomblé não se aprende em livros, mas com vivência".[9] Que verdade eu pude constatar após essa decisão! E pouco do que lá aprendi entrou em choque com as minhas crenças; ao contrário, uma gama maior de espiritualidade e um sentimento maior de pertença à natureza invadiu a minha vida. Desse modo, leio *O compadre de Ogum* contente pela possibilidade de que outros leitores possam vivenciar, através dessa divertida história, esse jeito singular de manifestação da fé brasileira: repousando após a missa nos feriados católicos, mas sem esquecer-se de bater a cabeça para o orixá protetor.

Sueli: Aliás, esse lidar com os dogmas, santos e ritos da igreja católica em confronto com os rituais da fé trazida pelos negros da África foi não apenas um sofrimento e um desafio para os escravos como também, e principalmente, a prova de que eles nada tinham de selvagens e seres pouco pensantes conforme as ideias disseminadas pelos colonizadores. Numa perspicácia e diplomacia – características de quem sabe lutar pelos seus direitos sem ir para a linha de frente –, eles continuaram a homenagear os seus orixás, associando-os aos santos católicos. Em *O compadre de Ogum*, o menino Felício, que será batizado na igreja católica, tem um pai que, para não desagradar aos amigos, escolhendo apenas um deles para padrinho, recebe ajuda de Ogum, que se oferece para apadrinhar o menino. A pessoa escolhida para personificá-lo recebe o pseudônimo de Antônio de Ogum. Ogum foi associado pelos negros à figura do católico santo Antônio, assim como outros tantos são a personificação dessas energias divinizadas, como é o caso de Oxalá – considerado a energia maior – como o Senhor do Bonfim e de Iemanjá – a rainha do mar (maior figura feminina) – como Nossa Senhora. Como se pode constatar, portanto, a capacidade associativa, transgressora e criativa – fruto de leituras feitas pelos negros sobre o catolicismo – evidencia aspectos contrários ao da selvageria e ignorância preconizados pelos brancos.

---

[9] Segundo a ialorixá Rosângela de T'Oyá, líder religiosa da Casa de Culto de Matriz Africana Ilê Axé Oyá Igbalé – Rio do Sul/SC.

Cleber: E atravessados por esse diálogo com nossos irmãos do outro lado do oceano, com todos esses hibridismos e essa variada mestiçagem, vamos nos constituindo únicos: nem africanos, nem indígenas, nem europeus, mas tudo isso e muito mais. Acima de tudo: brasileiros. Lendo Dalai Lama, ofertando um balaio de flores para Iemanjá, meditando e emanando o *shanti om* na yoga, comprando manuais Hare Krishna, ouvindo música gospel, tomando passe, unguentos, garrafadas e benzimentos, resguardando-se na quaresma, ou mesmo ateu, mas com a "graça de Deus". Pois é, Sueli, depois de toda essa prosa, proponho uma conversa sobre as origens do protagonismo negro na literatura para crianças e jovens. Que tal?

Garimpando o protagonismo negro nas origens da literatura infantil juvenil brasileira

Cleber: Para entrar no campo da literatura destinada aos pequenos, precisamos dizer que, antes mesmo de todos esses engendramentos legais, já tínhamos alguns ensaios de uma escritura que dialogava com essa temática. Sem querer ainda entrar no mérito das questões do racismo ou do estereótipo negativo, o negro já aparece em linhas escritas para crianças no início do século passado na vasta obra de Monteiro Lobato.

Sueli: Creio que entre tantos méritos lobatianos, a inserção da figura de Tia Nastácia no universo picapauense é um deles. O que você pensa disso?

Cleber: Concordo, Sueli, embora não se possa negar a legitimidade dos debates recentes em torno do preconceito em algumas obras pontuais de Lobato, precisamos admitir seus avanços, principalmente, nos espaços abertos para essa personagem que povoou com afeto e simplicidade a imaginação de tantas crianças brasileiras e hoje se presta, inclusive, a ressignificá-los.

Sueli: É verdade, Cleber, embora o contexto histórico como se sabe fosse bem outro, no livro *A reforma da natureza*, por exemplo, Tia Nastácia acompanhou Dona Benta na Grande Conferência da Paz em 1945, em igualdade de condições, ao menos no que tange ao convite feito pela ONU. Ambas foram convidadas por serem consideradas as maiores estadistas, governando o Sítio do Pica-Pau Amarelo, exemplo de democracia.

Cleber: O "segredo de bem governar os povos", demonstrado nessa obra, está presente na fala do duque de Windsor: "Estou convencido de que unicamente por meio da sabedoria de Dona Benta e do bom senso de Tia Nastácia o mundo poderá ser consertado" (2008, p. 13). A partir dessa colocação e de outras, como a do Rei Carol da Romênia, é que os governantes europeus decidem pelo convite oficial da participação das duas, mais o Visconde de Sabugosa, para com eles deliberarem os novos caminhos para o mundo pós-guerra. Quando Emília resolve não ir à citada conferência, Dona Benta consulta Tia Nastácia:

> – Nastácia – disse ela –, Emília encrencou. Quer ficar. Diz que se for a Conferência sai fecha com os ditadores e haverá um grande escândalo internacional. – E estou com medo disso. Tenho horror a escândalos. – E sai fecha mesmo, sinhá. [...] Dá escândalo mesmo, *é até capaz de estragar o nosso trabalho por lá.* Pedrinho me contou que aquilo nas europas está pior que quarto de badulaque quando a gente procura uma coisa e não acha. Tudo de perna para o ar, disse ele. Tudo sem cabeça, espandongado. *A nossa serviçeira vai ser grande*, sinhá, e com a Emília atrapalhando, então, é que não fazemos coisa que preste. *Minha opinião é que ela fique.* (LOBATO, 2008, p. 15-16, grifos nossos)

Sueli: São detalhes como esse, Cleber, que demostram que Tia Nastácia tinha voz e vez dentro da república picapauense, tanto é, como se pode ver, que a palavra final para que Emília ficasse foi dela. Obviamente são situações esporádicas, mas que não deixam de apontar o espaço diferenciado que Tia Nastácia ocupava na casa, quando comparada às negras em situação semelhante na época.

Cleber: Muito interessante, Sueli, pois isso demonstra a necessidade de a todo o tempo o leitor relativizar e perceber as nuances do texto literário. O que se observa também – e muito se condena – é o modo como Emília trata Tia Nastácia em algumas obras. Como você avalia esse comportamento?

Sueli: Antes de tudo, é preciso destacar que Emília era irreverente e sem "papas na língua" ao dirigir-se às pessoas, principalmente quando as coisas não saíam como ela queria. Há situações em que ela diz "a diaba de Dona Benta", chama o visconde de "pedaço de asno" e, obviamente, inúmeras vezes trata desrespeitosamente Tia Nastácia.

Cleber: No entanto, interessa notar que esse modo aparentemente subversivo de sua linguagem aos poucos vai transformando-se em consciência, levando-a a discernir suas atitudes e rever algumas de suas colocações.

Sueli: Já em 1936, em *Memórias de Emília*, a boneca ao analisar o que dizem a respeito de seu coração, ou melhor, ao ouvir dizerem com frequência que ela não o tem, contrapõe-se dizendo: "Tenho sim um lindo coração, só que não é de banana". A partir dessa fala, a boneca começa a rever todo o seu posicionamento frente aos personagens picapauenses, incluindo não apenas pessoas, mas o Rabicó, o Burro Falante, a Porteira, a Pitangueira, etc.

Cleber: Realmente, Sueli, são palavras emilianas no final de suas memórias "[...] não sei se é filosofia ou não. Só sei que é como sinto, e penso e digo" (1962, p. 118). E é a partir dessa perspectiva que ela vai tecendo seus comentários a respeito de cada um. Por exemplo, "[...] Dona Benta é uma criatura boa até ali. Só isso de me aturar, quanto não vale? O que mais gosto nela é seu modo de ensinar, de explicar qualquer coisa. Fica tudo claro como água. E como sabe coisas, a diaba! [...]" (p. 120). O interessante nesse seu posicionar-se frente às criaturas, sejam elas pessoas ou não, é o fato de que Tia Nastácia também foi merecedora de seus depoimentos, E, vale dizer, os mais longos e os mais emotivos .Vejamos alguns trechos que ela dedica a sua criadora:

> Tia Nastácia, essa é a ignorância em pessoa. Isto é... ignorante propriamente não. Ciência e mais coisas dos livros, isso ela ignora completamente. [...] Eu vivo brigando com ela e tenho lhe dito muitos desaforos – mas não é de coração. Lá por dentro gosto ainda mais dela do que dos seus afamados bolinhos. Só não compreendo por que Deus faz uma criatura tão boa e prestimosa nascer preta como carvão. É verdade que as jabuticabas, as amoras, os maracujás também são pretos. Isso me leva a crer que a tal cor preta é uma coisa que só desmerece as pessoas aqui nesse mundo. Lá em cima não há essas diferenças de cor. Se houvesse, como havia de ser preta a jabuticaba, que para mim é a rainha das frutas?. (LOBATO, 1962, p. 121)

Sueli: Não queremos desconsiderar o tamanho da polêmica acerca dos questionamentos em relação aos preconceitos de Lobato! No entanto, parece-nos claro que, em citações como essas, o autor relativiza o preconceito que em outras passagens pesam para o caso de Tia Nastácia. Até porque muitas das vezes estão ligados, como já o demonstramos, à personalidade marcante de Emília ou ao contexto histórico – justificado até mesmo pelas correntes científicas e filosóficas vindas da Europa e que influenciavam as elites nacionais brasileiras.

Seria importante ressaltar que na época em que Lobato começou a escrever para crianças, segundo colocações dele mesmo, o que existia no Brasil no gênero eram traduções vindas da Europa. Obviamente nessas obras a figura do negro praticamente inexistia. Seguidores de Lobato, essencialmente aqueles que contribuíram para a efetivação da literatura infantil juvenil nacional, na década de 1970, vez ou outra passaram a inserir o negro como personagem em suas narrativas.

Cleber: Insistimos que, sem a obrigatoriedade legal, alguns livros pioneiros nesse protagonismo do negro merecem destaque em nosso país. Não estamos aqui levando em consideração os critérios de qualidade literária; apenas a presença que não pode ser desconsiderada e que vale a pena referendar como gênese dessa literatura hoje requisitada pela legislação e pelas diretrizes educacionais. Autores como Joel Rufino dos Santos, Ziraldo, Rogério Andrade Barbosa, Angela Lago, Mario Vale, Ana Maria Machado, Luiz Galdino, Mirna Pinsky, para citar os mais importantes, apresentam personagens negros, por vezes, sem o reforço do estereótipo negativo.

Sueli: Garimpando a temática, a autoria ou a presença negra entre os nossos primeiros escritores pós-Lobato, encontramos publicados na década de 1980 os livros *O menino marrom* (1986) de Ziraldo, *A botija de ouro* (1984), *O saci e o curupira* (1986) e *Dudu Calunga* (1986), com autoria de Joel Rufino dos Santos. No entanto, acreditamos que mereçam destaque as obras *Menina bonita do laço de fita* (1986) de Ana Maria Machado, *O almoço* (1987) e *Passaralindo* (1989), ambos de Mario Vale. Nos três livros pode-se perceber o protagonismo do negro, no entanto, de modo muito distinto. No primeiro deles, há um enaltecimento para a efetivação desse protagonismo. Nele, as ilustrações de Claudius apontam para a representação afirmativa da protagonista – uma menina negra – em seus momentos de leitura, escrita, ao dançar balé, brincar e ao reconhecer a sua história no retrato da avó, sentada no colo da mãe, ilustrada e descrita como "uma mulata linda e risonha" (s/p).

Cleber: Nas narrativas de Mario Vale, não há uma intencionalidade na representação do negro para tratar da temática da inserção, pelo menos não de modo evidente. Os garotos são negros, como poderiam ser brancos. É bastante significativo esse protagonismo e parece naturalizar o processo, pois também mostra o negro, mas não para recortar, ampliar, caracterizar, incluir. Simplesmente por ser negro e basta!

Sueli: Esse procedimento de Mario Vale é que na verdade contribui para a real inserção do negro no meio que lhe é devido. Como toda obra de arte, também a literatura quanto menos aponta para aquilo que quer demonstrar, tanto mais e melhor o faz. A problemática da inserção hoje tão em voga e tão enaltecida como politicamente correta, na maioria das vezes, tem servido para professores, escritores, ilustradores reforçarem os preconceitos e os estereótipos já existentes, sejam eles em relação ao diferente enquanto etnia, enquanto opção de vida, enquanto não padronização em relação aos modelos de beleza e perfeição física. Inúmeros são os títulos existentes, principalmente na última década, que inserem em suas narrativas o índio, o negro, o portador de necessidades especiais de forma a iluminar ainda mais exatamente aquilo que se pretende abolir do imaginário coletivo.

Cleber: Eis a necessidade desse histórico. Ele demonstra nossa intenção com essa conversa, Sueli. Não poderíamos deixar de citar essas publicações pioneiras. Aqui se pode observar a necessidade da seleção e, principalmente, de como levar para a sala de aula esse tema. Os raros livros ora citados demonstram o início de um processo que cada vez mais continua merecendo a nossa atenção. Torna-se necessário possibilitar o protagonismo negro, evidenciando procedimentos estéticos e discursivos que o insiram em contextos além dos que normalmente estávamos acostumados.

Sueli: Também penso assim. É de Angela Lago, por exemplo, datada de 1984, a delicada e sensível narrativa visual *Outra vez*. Nela, a protagonista, uma menina negra, vive seu encontro-desencontro amoroso com um menino. Embora ele seja representado como um reizinho e tendo demonstrado descaso para com ela, a atmosfera que envolve a trama é quase toda voltada para a protagonista, como se ela fosse uma pequena rainha. Vale destacar o "inovadorismo" de Angela não apenas pela história que conta mas também por *como* conta: uma sequência de imagens enriquecidas por recursos cinematográficos que se fecha de forma circular, sugerindo o eterno repetir-se em determinadas questões. A narrativa visual de Angela Lago, gênero iniciado no Brasil por Juarez Machado em 1976, é ainda tão inovadora que busca uma nomenclatura. Prova disso é que, dentre os prêmios que essa obra recebeu, destacam-se três referindo-se à mesma categoria, com diferentes indicações: melhor livro imagem – FNLIJ 1984, melhor livro sem texto – APCA 1984 e Bienal da Câmara Brasileira do Livro, categoria ilustração – 1984 a 1986.

Cleber: Ouvindo-a, Sueli, ocorreu-me o livro *A cor da ternura*, de Geni Guimarães, publicado em 1989 e direcionado para o público jovem. De cunho autobiográfico, a narrativa, em primeira pessoa e de sequência temporal dividida em infância, adolescência e idade adulta, relata magistralmente a trajetória de Geni. A penúltima filha de uma família de oito irmãos, de origem negra e pobre que, apesar das dificuldades de sua condição social e preconceitos, supera conflitos internos e externos. Desde muito cedo sofre o peso da cor e da condição social. A poesia contida nesse livro é de estilo simples e, por isso mesmo, guarda grandes verdades, as quais grudam no leitor e ficam a provocar risos, angústias, lágrimas, encantamento...

Sueli: A cor da ternura é uma homenagem ao nosso folclore, à nossa gente, à mulher brasileira e à nossa literatura! Gosto das sensíveis passagens que mostram a relação da mãe e da filha: "Precisava saber se, quando a mãe morre, a gente pelo menos pode morrer também" (p. 15). "Minha mãe [...] sentou-se numa cadeira feita de palhas trançadas. Estendeu os braços e eu fui como se caminhasse para o céu" (p. 17). "Minha Nossa Senhora do oratório da minha mãe, faça que ela não chore, que eu nunca mais vou xingar o nenê de diabo e cocô no meu coração. Se ela parar de gemer, daqui pra frente vou só falar Jesus e doce de leite pra ele. Amém" (p. 20). Merecidamente a autora recebeu o Prêmio Jabuti na categoria autor revelação em 1990.

Cleber: As ilustrações de Saritah Barboza ajudam a compor a atmosfera lírica da obra. Com quadros que parecem saltar das folhas de papel, transmitem através de tons terrosos a própria história-vida da personagem.

Sueli: Creio que muitas seriam as obras pioneiras sobre as quais poderíamos continuar conversando aqui. Queremos, no entanto, dar espaço maior aos títulos recentes, dada a significativa produção após a divulgação da lei que pede a presença dessa literatura nas escolas. Não faltam hoje títulos de qualidade, com apuradíssimos projetos gráficos e conteúdo exemplar, seja na categoria infantil, infantojuvenil, juvenil, informativo ou teórico, para serem lidos, analisados, degustados. Além disso, as ilustrações, ou melhor, a linguagem visual tem buscado dialogar com os textos e com os livros como um todo, nos permitindo um debruçar-se mais demorado no próximo capítulo sobre essa qualidade/quantidade que precisa fazer-se conhecer.

Conversa de leitores:
lendo africanidades na literatura infantil juvenil contemporânea

LEITURA
Livro bom, mesmo, é aquele de que às vezes
interrompemos a leitura para seguir – até onde? –
uma entrelinha... Leitura interrompida?
Não. Esta é a verdadeira leitura continuada.

Mario Quintana

Cleber: Vamos entrar agora, Sueli, num momento imprescindível de nossa conversa. O momento no qual nos debruçamos sobre a produção de livros literários, ou seja, aqueles que são reconhecidos pelo *modo como* são contados, isto é, pela manifestação de uma linguagem carregada ao máximo grau de significação. Seja pela importância social, pela forma como nela se trabalha a linguagem, pelo suporte no qual se veicula e pelos códigos estéticos de determinados grupos e épocas, ou ainda, seja levando em conta criatividade, recursos estilísticos, indústria cultural, gosto ou prazer, a conceituação dessa arte não é tarefa fácil.

Sueli: Não é mesmo, Cleber. A pós-modernidade trouxe mudanças em quase todos os setores sociais e culturais e, naturalmente, não poderia deixar de fazê-las na literatura para os pequenos e jovens. Com projetos gráficos arrojados, imagens altamente atrativas e significativas, textos sofisticados na linguagem, livros totalmente interativos, enfim, tantas possibilidades que driblaram as centenas de linhas dos livros escritos para o público infantil juvenil no passado, transformando-os num complexo sistema comunicativo.

Cleber: Nas literaturas que envolvem a africanidade, essa consciência (ou a falta dela) demonstra que, muitas vezes, autores bem-intencionados e pretensamente esvaziados de preconceitos produzam obras com um apuro técnico, formal e de linguagem quase perfeitos; todavia, na discursividade percebem-se inúmeros problemas, principalmente, com relação à dimensão sociocultural, ao protagonismo dos personagens negros, às ideologias e aos valores.

Sueli: Quando a questão envolve essa temática, aumenta a dificuldade em encontrar obras que sejam necessariamente literárias, não pertencendo à categoria informativo ou apoio didático e recolhas de mitos e lendas.

Cleber: Considerando que essa produção tem tido um visível aumento de título nos últimos anos, creio que devemos selecionar alguns deles para conversarmos. Isso porque as abordagens têm sido inúmeras – das questões étnicas às suas mais sutis manifestações, da diversidade linguística à utilização de recursos variados da linguagem visual ou do diálogo, confronto e alternância dessas linguagens num mesmo livro.

Sueli: Para começar eu proponho o livro *Dois fios*, recém-editado pela Cosac Naify, de autoria de Pep Molist e Emilio Urberuagua. Nele, puxando uma lata que representa uma locomotiva e duas caixas de papelão que transportam passageiros, Moussa, o menino protagonista, viaja imaginária e cotidianamente, conduzindo e/ou conduzido por dois fios. Um dos fios o liga e o separa da mãe. Ao partir com seu trem rumo à fantasia, chega ao centro do povoado, debaixo de um baobá onde seu avô inicia suas tardes e a de tantos outros meninos com *Era uma vez...* O outro fio o religa à mãe, e ele volta, passando por novos lugares, mostrando ao leitor a paisagem, as pessoas, a fauna e a flora de terras africanas, no Senegal. As ilustrações em cores quentes e figurativas nos apontam para um mundo muito particular mas também muito igual ao nosso, quando se trata de aconchego materno e fantasia (ainda mais complementado por histórias de um avô).

Cleber: Que fantástico, Sueli. Esse livro permite-nos encaminhar a conversa em torno das africanidades na literatura infantil levando em consideração a construção da metáfora. Eis a grande contribuição da arte literária para a consolidação do respeito à cultura africana e afro-brasileira quanto aos aspectos legais e educacionais. Pela via estética e lúdica, pela experiência sensível da leitura e pelos espaços abertos deixados à imaginação do leitor, a narrativa dialoga com o universo infantil. Sem ter cara de aula, de sermão ou de catecismo, mas através desse contar histórias de modo tão livre – como outrora se fazia em torno das fogueiras – para a partilha das experiências humanas mais fundamentais. Iniciadas com as três palavras mágicas, próprias de um contador, que há séculos marcam a entrada num mundo fora do tempo e do espaço, a viagem se completa. Dela o menino sai para retornar à vida real e ao aconchego materno.

Sueli: Nesse sentido, Cleber, gostaria de falar sobre o livro *Minhas contas*, de Luiz Antonio, com ilustrações de Daniel Kondo. Aqui os personagens Pedro e Nei são amigos e estão sempre juntos. A amizade dos dois, no entanto, corre sérios riscos, já que a mãe de Pedro não aceita os fios de contas usados pelo amigo do filho em função da sua religião, o candomblé. Ao descobrir o preconceito por parte da mãe do amigo, Nei fica "com uma minhoca na cabeça. E se a mãe dele estiver certa?" (s/p). Desesperado, o personagem começa a sentir uma série de sentimentos e sensações. "Fiquei na esquina sozinho, era tanta raiva que eu queria lutar, quis me esconder na mata, me enfiar na lama, virar árvore [...], chorei um rio e o rio virou mar [...] gritei um trovão, corri com o vento, depois desejei dormir no colo de meu pai" (s/p). O menino entra em contato com os orixás (por exemplo: mata/Oxóssi, rio/Oxum, trovão/Xangô), energias divinizadas que se vivenciam e se reverenciam nos mitos e nos ritos dos praticantes do candomblé.

Cleber: Como se pode perceber também, as imagens, bem como as cores, permitem ao leitor uma série de informações que colaboram para ampliar o sentido do texto. Observe-se, por exemplo, a seguinte página do livro:

Enquanto na dimensão verbal está a descrição do garoto na esquina, aparece uma encruzilhada pintada nas cores preta e vermelha, tomando todo o espaço da página. O símbolo utilizado e as cores sugerem Exu – um dos principais orixás cultuados nas cerimônias religiosas. Ele simboliza o movimento, capaz de levar as oferendas, de *abrir os caminhos*. Na sequência, o personagem expressa outro sentimento: a raiva, vontade de lutar, trata-se do orixá Ogum. No plano visual aparece uma espada, o elemento-símbolo daquele que traz a possibilidade da transformação. Na continuidade, o menino deseja entrar na mata, correspondendo ao campo energético de Oxossi, o caçador. Suas cores são verde-claro, e seu elemento o *ofá* – o arco com a flecha.

Sueli: Assim como essa, a maior parte das imagens criadas por Kondo não apenas ilumina o texto de Luiz Antonio como também aponta os outros orixás. Só que de forma sutil. Esse sem dúvida é o ponto alto da ilustração desse livro. Porque, para os iniciados, os orixás encontram-se praticamente explícitos no campo visual, enquanto que, para os menos iniciados ou completamente leigos no assunto, uma pesquisa se faz necessária se houver interesse em ampliar o que fica subentendido.[10] Você também vê assim, Cleber?

Cleber: Exatamente, Sueli, os orixás vão aparecendo cada um com seus atributos e características até chegar ao encontro com Oxalá, que, simbolizando a paz, o equilíbrio e o conforto, não possui outra representação que a própria imagem do firmamento. "Depois... desejei dormir no colo do meu pai" (s/p). Vale notar que, mesmo sem os referenciais oriundos do candomblé, citados por nós anteriormente, faz-se possível uma leitura plurissignificativa, pois as cores e os objetos podem representar sensações e sentidos distintos para diferentes leitores.

Sueli: Aqui é importante destacar o papel do professor como mediador de leitura, seja ela verbal ou visual, pois a ele esses detalhes não podem passar despercebidos. Cabe a ele uma pesquisa prévia de cada obra a ser levada para a sala de aula para discutir com seus alunos. Nas últimas páginas desse livro, por exemplo, aparecem constelações que são os símbolos das principais religiões existentes: cristianismo, judaísmo,

---

[10] Um dos grandes estudos em torno dessa questão foi realizado por Reginaldo Prandi no livro *Mitologia dos orixás*, publicado pela Companhia das Letras em 2001.

xintoísmo e islamismo. Embora discursivamente a obra pareça abordar uma religião específica, o trabalho com a linguagem e com as imagens garantem sua entrada no universo literário infantil – ao permitir um espaço de leituras múltiplas e elaboração intelectual e estética.

Cleber: De fato, Sueli, daí a necessidade de nós, professores, estarmos em constante estudo e aprofundarmos todas essas questões, afinal, encontramo-nos diante de algo bastante novo. Mais do que a abordagem temática, entram em cena elementos estéticos e culturais que precisam ser levados em conta na hora de selecionar o que será levado para os alunos e, principalmente, de fazê-los ler com competência e criticidade. Outra obra que eu gostaria de trazer para o nosso diálogo é o livro escrito e ilustrado por André Neves, *Obax*, que foi selecionado pela Biblioteca Internacional da Infância e da Juventude, de Munique, na Alemanha, para o importante catálogo *The White Ravens*, de 2010. Nele André conta a história da menina que adorava correr pelas planícies, e cujo maior divertimento era inventar histórias. Entre as tantas criadas por ela em suas andanças, estava o dia em que contou ter visto cair do céu uma chuva de flores. Todas as crianças caçoavam, e os mais velhos duvidavam desse feito. "Como poderiam chover flores onde pouco chove água?" (2010, p. 15). Então, ao "tropeçar numa pequena pedra em forma de elefante, Obax teve uma grande ideia. Partiria pelo mundo afora" (p. 16). Sua busca era para provar a todos que sua história era verdadeira. E, na grande ilusão criada pela magia da literatura, Obax encontrou-sonhou-transformou sua vida com Nafisa, "um elefante que havia se perdido da manada e vivia sozinho pelas savanas" (p. 19).

Sueli: Queria ressaltar que nesse livro ela acaba realizando a verdadeira trajetória do herói, "eles haviam dado a volta ao mundo e estavam novamente no ponto de partida: a savana" (p. 22). Atravessada por tantas experiências e vivências a personagem transforma, a partir da magia das histórias, as pessoas de sua aldeia e a si mesma. O livro da menina que fez chover flores em pleno deserto é composto a partir das pesquisas sobre os costumes de diversos grupos étnicos espalhados pelo oeste africano, incluindo o campo semântico apresentado ao leitor após a leitura, explicitando que Obax significa "flor" e Nafisa, "pedra preciosa".

Cleber: As ilustrações são particularmente especiais. Gosto muito do modo como André representa a habitação de Obax na página 9.

É artístico, diferente, propõe algo que não é estilizado, desterritorializa o que comumente se costuma atribuir às representações sociais sobre o que se conhece da África. Além disso, dialoga com a obra do artista francês Escher, oportunizando ao professor de Artes uma discussão em torno da hibridização nesse tipo de criação.

Sueli: Do mesmo modo, me encanta a ilustração das páginas 14 e 15.

Nela, a mãe de Obax com um bebê nas costas, sentada ao chão, abraça a menina de quem todos riam porque contava a história dessa chuva de flores. Essa imagem, cuja grandeza ultrapassa a página nos quatro cantos, é uma mescla da *Madonna,* da mulher-mãe-africana com acessórios típicos de sua cultura e o colorido daquele espaço. É uma obra de arte em muitos sentidos. Isso porque foge a qualquer estereótipo conhecido, enaltece toda a beleza africana sem os apelos que normalmente se encontram em livros desse tipo e, sobretudo, respeita a criança leitora que merece ser levada pela imagem visual para dentro e para além do livro que lê.

Cleber: Em nossos diálogos sobre as africanidades na literatura infantil, defendemos a necessidade do protagonismo e da inserção da criança negra como possibilidade de inibir a sua histórica invisibilidade. *Obax* e *Minhas contas* dão belas mostras nesse sentido. Sueli, você poderia trazer outra referência para continuarmos a nossa discussão acerca dessa produção?

Sueli: O recém-lançado *Mil e uma estrelas*, de Marilda Castanha (texto e imagens), creio que seja um exemplo bastante pertinente nesse caso, pois foge completamente aos modelos aos quais estamos acostumados. Castanha, nesse livro editado pela SM, conta a história de uma menina negra que contava as estrelas antes de dormir e, então, sonhava histórias. Ao deparar-se uma noite com o céu sem estrelas, a menina vai atrás do ogro gigante, achando que ele era a única pessoa grande e forte capaz de alcançar a lua e poder ajudá-la. Para sua surpresa, a gruta pequena e escura do ogro na verdade estava toda iluminada pelas estrelas que haviam sumido do firmamento. Fazendo lembrar a conhecida narrativa de Davi e Golias ou *As mil e uma noites* (vale lembrar que o título da obra faz uma clara referência à história de Sherazade), a pequena-grande protagonista, modernamente, não derrota nem precisa salvar-se do antagonista: recupera as mil e uma estrelas, contando histórias ao ogro que não conseguia dormir por medo do escuro. Interessante observar a sutileza da autora ao dar à protagonista a força de Golias, a arte de Sherazade, sem perder a doçura da criança, embalando os sonhos de um ogro medroso com as histórias que recolheu em seus sonhos porque sabia contemplar as estrelas. E, não bastasse tudo isso, as imagens com as quais Marilda ilustra a trajetória da heroína são tão dignas de contemplação quanto o firmamento que, retratado numa paisagem bastante afro, toca numa das grandes crenças africanas que é a da magnitude do orixá maior: Oxalá.

Cleber: Algo que surpreende nessa obra é que o enredo – de caráter universal – não remete necessariamente à temática africana ou afro-brasileira. De todo modo, as ilustrações mostram a representação

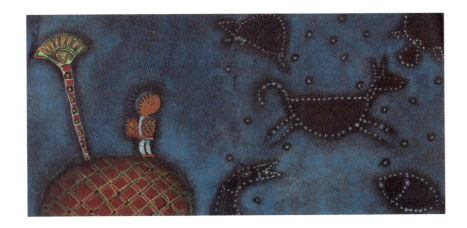

da menina negra que aparece, em todas as imagens, com um livro nas mãos e, não gratuitamente, com ele sempre iluminado, como na imagem das páginas 6 e 7, acima. Ou seja, não é um protagonismo passivo: é uma criança negra, leitora, pró-ativa e que, quixotescamente, vai à luta para salvar todos da escuridão a que o ogro nos submeteu ao roubar as estrelas do céu. Embora não conste no enredo de modo visível, subentende-se pelas entrelinhas essa discursividade presente na linguagem estética que dá um passo importante contra a invisibilidade da infância negra em nossa sociedade.

Sueli: Essa invisibilidade começa lentamente a diluir-se também a partir de velhas/novas obras clássicas para crianças. Um exemplo muito interessante nesse caso é o revisitamento feito pela escritora e ilustradora Rachel Isadora ao conto do dinamarquês Hans Christian Andersen *A princesa e o grão de ervilha*. Isadora percorreu vários países africanos para poder dar nova roupagem aos clássicos contos de Andersen, dando a eles um tom africano em substituição à visão e à paisagem europeias. Obviamente nessa obra revisitada o príncipe que sai em busca de uma princesa para casar é negro, e é por países africanos como Etiópia, Somália e Quênia que ele passa e encontra todas aquelas que lentamente vai descartando até chegar a sua eleita. Além dos cumprimentos ("olá", em diferentes línguas afro), o que, realmente, faz dessa obra um contributo dos grandes para o protagonismo dos negros em livros infantis é a ilustração. Nela a autora dá o tom, as cores, a paisagem e, especialmente, a majestade a um mundo não europeu. Veja-se, por exemplo, a imagem que finaliza a narrativa como na imagem das páginas 28 e 29, a seguir:

Cleber: Publicações como essa, Sueli, vêm ao encontro do que estamos propondo desde o início de nossa conversa. A ideia da inserção ocorre a partir desse diálogo. Afinal, a verdadeira literatura já está aí. Aliás, Andersen, considerado o "pai" da literatura infantil, fez a sua parte em meados do século XIX. Produziu uma grande obra de arte universal, portanto, suscetível ao encontro com outros povos, outras culturas. Essa princesa e esse príncipe negros — talvez islâmicos —, dada a sutileza das marcas deixadas pela ilustradora, permitem justamente mostrar esse pertencimento que deve ocorrer de modo natural. A condição humana é sempre a mesma, o que muda são os contextos e as paisagens.

Sueli: Um exemplo de abordagem diferente nesse campo é *Fuzarca*, que — num contexto que lembra a fusão do afro com o branco —, conta a história de Guido e Iná, irmãos gêmeos, ele negro e ela branca, numa representação viva de nossa brasilidade. O encantador nesse livro de Sonia Rosa, além das cores e das delicadas ilustrações de Tatiana Paiva, que nos remetem a um mundo misturado como o brasileiro, são as imagens que informam ao leitor, sem tecer juízos de valor, a razão da mestiçagem ocorrida. Ou seja, embora direcionado a crianças menores, o livro dá a elas pistas suficientes para que se apercebam que convivem de forma harmoniosa não apenas as diferenças étnicas do pai e da mãe como também as questões que os distinguem no dia a dia: amigos, trabalho, diversão, arte. Isso diz à criança, sem dizer explicitamente, que as diferenças, sejam elas quais forem — da cor à idade, do trabalho ao lazer —, podem ser formas de enriquecimento e aproximação, em vez da tão decantada exclusão, invalidando, assim, o modo como a escola vem trabalhando a inclusão.

Cleber: Essa mesma ideia da mestiçagem ocorre no livro a partir da brincadeira com o campo semântico da palavra "fuzarca". O vocábulo, encontrado nos dicionários como pertencente ao falar popular brasileiro, e cujo sentido é "farra", "folia", "pândega", "troça", realiza no plano da linguagem os mesmos procedimentos analisados por você no espaço da discursividade. Há que se considerar, Sueli, que essas obras, ao se levar em conta categorias estanques de leitor, ficariam restritas ao público infantil. No entanto, trazem tantas possibilidades de leitura quantas sejam as faixas etárias que sobre elas se debruçam.

Sueli: Pois é, Cleber. Nesse sentido, temos também a obra *O coelho que fugiu da história*, de Rogério Manjate. Livro escrito por um escritor africano – de Moçambique –, traz uma narrativa escrita de modo muito particular, mesclando fábulas e histórias da tradição oral na vida de uma garota com 6 anos de idade e uma imaginação afiada.

Cleber: De fato, o autor conta a história de um coelho que aparece na casa da menina Mbila. E o mais interessante é que ela passa a acreditar que ele seja o coelho das "mesmas velhas histórias que a avó ouvira de seus pais, e estes de seus pais e avós, e estes também de seus pais e avós, assim sucessivamente, até o etc. alcançar o início do mundo" (2009, p. 11). Escrita com poesia e contada com um sotaque lusitano, a obra traz ao final um glossário com palavras usadas em português moçambicano. Além disso, há um processo de elaboração estética que pode agradar tanto aos menores, pelo seu aspecto lúdico, como aos maiores, pela sofisticação da linguagem.

Sueli: Também penso assim. Gosto do trecho: "A cor do quarto começou a mudar lentamente, ficando da cor da história. O tempo azulava e cintilava. Os passarinhos levantaram voo no céu da história. A cama, como um barco, atravessava o rio que rumorejava. E a história, devagarinho, começou a voar, a voar, e tudo ao seu redor arco-ria-se" (p. 59). Acredito que agradam, sem dúvida, a todos aqueles que, de alguma forma, se deixam tocar pelas palavras e seus desdobros.

Cleber: Certamente, Sueli, uma obra metafórica que nos remete aos intertextos não apenas com outros textos, mas em diálogo com a nossa própria crença e imaginação. Uma história que mostra modos de sonhar e imaginar acreditando na concretude desses sonhos é, com certeza, universal e atemporal.

Sueli: Cleber, a ilustração da francesa Florence Breton também deve ser levada em consideração. Aliás, essa é uma das questões para se levar essa temática à escola, principalmente para os pequenos, pois a contextualiza sem reduzi-la. Pelo que temos observado, analisado e discutido juntos, muitos têm sido os títulos voltados para crianças que exploram com talento as imagens.

Cleber: Certamente, Sueli. Precisamos agora trazer esses títulos para a escola, fazendo as amarras, as tessituras. Nós, professores, precisamos conhecer e estudar literatura e, principalmente, ler. Ler para muito além do texto. Ler apostando na ampliação das expectativas e dos horizontes de nossos alunos e convocando-os para o grande exercício da arte literária. Permitir o debate estético, a discussão do que está nas entrelinhas do plano discursivo e que possibilita um maior enxergamento de nossa condição proposta na construção artística e intelectual da obra de arte.

Sueli: Vejo também que temos um longo caminho pela frente. Os livros que vêm contemplando essa temática têm se apresentado também com cuidado gráfico dos mais apurados. Além de bons textos, como você sabe, temos encontrado verdadeiras obras-primas em relação ao texto visual e ao projeto gráfico. Esse último, principalmente, tem transformado os livros na linha dita infantil em verdadeiros objetos de arte: para serem manuseados, alisados, contemplados e interpretados. Há que se aprender na escola, agora, a leitura de todos esses procedimentos novos. Da capa à quarta-capa, da diagramação ao desfecho, das fontes utilizadas às imagens que ora complementam o texto, ora dialogam com ele, ora o substituem. Eu gostaria agora, Cleber, que falássemos um pouco da produção atual voltada para adolescentes e jovens.

Cleber: Pois é, Sueli. Estamos diante de um dos principais nós para quem atua na educação básica: a formação do jovem leitor. Delicada questão, principalmente, quando a ela se conjuga uma temática tão complexa e cheia de meandros como essa da africanidade. Afinal, essa faixa etária vivencia questões outras como: a identidade, a inserção no grupo social, a sexualidade, o gosto por transgredir, as utopias para a vida futura, enfim, uma série de situações que acompanham nossos jovens e querem ser lidas em suas literaturas.

Sueli: Nessa linha eu diria que está exemplar o texto de Luiz Antonio *Uma princesa nada boba*, da Cosac Naify. A narrativa trata da busca de identidade de uma menina adolescente e negra. Duas fortes razões para colocá-la à procura de si e de seu lugar no mundo. Lidar com a ideia da passagem de adolescente para adulta já é um complicador para qualquer menina. Imagine-se para uma negra não completamente segura da relevância de mergulhar nas suas origens, única forma de processarmos nosso rito de passagem.

Cleber: Concordo, Sueli, essa passagem constitui um dos caracteres humanos imprescindíveis e, na juventude, ela toma uma dimensão ainda maior. Diante de uma sociedade eurocêntrica, o sonho de toda jovem é mesmo ser uma princesa de "cachinhos dourados, longos fios escorridos, narizinho pontudo" (s/p), tão presentes em reinos encantados descritos nos contos europeus. Contudo, na magia do bom contador de histórias e nas infinitas possibilidades da literatura, o encontro de nossa personagem – com seu sonho de princesa – remonta a reinos ancestrais do continente africano.

Sueli: Para completar a discussão dessa passagem ritualística – que na narrativa fica muito clara através do direcionamento dado pela avó, uma iniciada nos mistérios do candomblé –, têm-se as ilustrações de Biel Carpenter que pontuam momentos significativos de Odara. Essa andava nas bordas do mundo porque não se queria como era. Tanto que insistia na possibilidade de chamar-se "Stephanie com P e H", como ela mesma fazia questão de frisar. Carpenter consegue escondê-la durante grande parte do livro debaixo de meias, sombrinha e bordas das páginas, revelando sua identidade somente quando sua protagonista se dá conta dela. Esse na verdade é hoje o papel do ilustrador: não mais um repetidor de ideias por meio de outra linguagem, mas um mediador de diálogos usados entre palavra e imagem.

Cleber: Retomo aqui uma ideia importante, Sueli. A necessidade novamente de nossa aprendizagem para – como já dissemos – esse complexo sistema comunicativo que se tornou a literatura infantil juvenil. Nessa obra, percebe-se claramente que o mais importante não está dito no texto. A principal forma de expressar essa não pertença do que está escrito no código verbal, em várias passagens como "Por que eu não podia ser igual a uma princesa?", fica visível em como o ilustrador esconde a personagem no início da narrativa. Ao limitá-la aos poucos espaços espremidos nas margens do livro, com meias que cobrem sua pele, sempre com o rosto atrás da sombrinha, o leitor tem a possibilidade de surpreender-se ao se deparar com uma personagem negra, quase somente no final do livro. O que, logicamente, dá margem a uma reflexão maior a respeito da identidade da protagonista. Esse descortinar-se do corpo, da pele, da beleza, vem acompanhando os processos de transformação e passagens que a personagem realiza ao longo da história – dela e do livro. Que magia operada na circularidade da leitura, e quanta ampliação de horizontes para o leitor, que consegue sentir todo esse amadurecimento da menina Odara! Palavra, aliás, cujo campo semântico também brinca nas linhas do texto, uma vez que significa "beleza". Do mesmo modo, o ilustrador brinca com a cor amarela da orixá Oxum – dona de sabida beleza e realeza.

Sueli: Realmente, Cleber. Quanto precisa de repertório esse professor da contemporaneidade. Muito teremos que nos instrumentalizar para encaminhar leituras competentes e obras como a que estamos vendo aqui junto às crianças e jovens. Nessa linha de complexidade, temos uma obra juvenil que merece um olhar nosso mais apurado: *Sortes de Villamor*, de Nilma Lacerda. Aliás, Nilma tem sido a revelação para jovens nos últimos anos. Nesse seu livro que nos interessa sobremaneira em função de sua temática, ela conta a história de Branca de Villamor, uma adolescente francesa que – por conta de um naufrágio – acaba por ser "adotada" por uma mãe negra, cuja casa era um asilo para os afrodescendentes sem-teto. Branca, cujo nome nos remete a uma inserção contrária – da branca no mundo dos negros –, descobre com Ismê Catureba, a mãe da casa, os mistérios das crenças afro-brasileiras e, ao descobri-los, vai informando o leitor das particularidades contidas neles. Embora resistente à vida que se vê repentinamente a viver, Branca vai pouco a pouco assimilando os hábitos da casa, as práticas de Ismê. Absorvendo e incorporando sua nova história, constata que o destino existe e que saber lidar com a sorte é ser capaz de mexer nele: nesse *fatum* do qual poucos escapam ilesos.

Cleber: Gostaria de complementar, Sueli, que, junto do livro de Nilma Lacerda, encontra-se outro tesouro: um anexo chamado "O encontro com a História", escrito pela professora Marisa Midori

Deaecto, da Universidade de São Paulo. Em seu caderno, a pesquisadora traça um painel histórico, social e cultural dos episódios tratados literariamente no livro, contextualizando e ampliando o conhecimento do leitor. Destaco os textos sobre a construção do novo mundo no imaginário francês, a colonização e o trabalho escravo e, ainda, as informações riquíssimas sobre a Inquisição no Brasil. Muito esclarecedor também o modo com que a professora mostra como as novas atividades urbanas – ao incorporarem mão de obra escrava – criaram novas relações com os negros escravizados, surgindo funções de escravos de ganho.

Sueli: Pois é, Cleber, conjugando literatura e informação, *Sortes de Villamor* é obra indispensável não apenas para os jovens mas para todos os que desejam mergulhar artística e teoricamente pelo tema das africanidades. Do riquíssimo material atualmente voltado para essa cultura em livros estão de forma muito especial, também, os recontos cuja sabedoria é quase sempre inquestionável. Em *Moçambique*, por exemplo, Júlio Emílio Braz adapta e reconta textos extraídos de diários e cadernos de viagem, além de anotações do folclorista Antônio César Gomes Sobreira. Esses contos, escritos de 1935 a 2007 pelo professor Sobreira, chegaram ao escritor brasileiro após – segundo ele – seu descobrir-se negro e passar a interessar-se pela sua condição. A seleção vai de contos jocosos a adaptações de textos para teatro infantil, de textos em verso a outros em prosa, com teor à moda das fábulas, buscando o aconselhamento através de embates entre animais. Estabelecer semelhanças e diferenças entre os olhares moçambicanos e brasileiros para temas, na maioria das vezes, explorados por ambas as nações, pode ser uma boa forma de o professor propor o aprofundamento das discussões sobre africanidades em sala de aula.

Cleber: Outro livro também para o público jovem, *Lendas negras*, do mesmo autor, traz oito histórias originárias de países africanos dos quais nem sempre temos notícias, como Botsuana, Angola, Mali, Tanzânia, Quênia, África do Sul e Nigéria. De modo divertido e muito bem escrito, essas lendas nos chegam desde lendários povos nômades até grandes e poderosos reinos antigos. Em comum em todas elas: a morte. Essa presença – nem sempre sentida por todos – dos elementos mágicos e sobrenaturais que povoaram o imaginário desses povos e agora nos permitem também sonhar com indivíduos que lutam contra ela, negociam com espíritos, cantam para cabaças ou, ainda, conversam com uma caveira enfiada num oco de pau.

Sueli: É, Cleber, vale chamar a atenção para as ilustrações de Salmo Dansa, que complementam o clima da obra ao trabalharem com luz e sombra, permitindo os devaneios do leitor e auxiliando-o a embarcar em longínquas lendas carregadas de tantos mistérios e segredos.

Cleber: É, Sueli... São tantas as maneiras de sentir, pensar e vivenciar a morte. Que interessante olhá-las desse modo como apresentado pelo Júlio Emílio Braz. Aliás, falando em diferenças, em uma sociedade que se deseja cada vez mais plural, multicultural e atenta à diversidade, indico o livro de Rogério Andrade Barbosa chamado *A caixa dos segredos*, da Galera Record, no qual narra a comovente história de luta e resistência de Malã, a partir da versão contada por seu tataraneto. O leitor conhece a vida do menino – batizado com o nome cristão Antônio – desde sua captura em terras africanas até a chegada ao Brasil. Acompanha a sua permanência no Rio de Janeiro e o breve tempo em que esteve na Bahia, passando por momentos históricos, culturais, sociais e políticos significativos para a população negra brasileira. A obra está dividida em quatro momentos de cruciais transformações na vida de nosso anônimo herói: infância, juventude, maturidade e velhice.

Sueli: Pois é, ao desvendar os segredos da caixa de metal forrada com recortes de jornal, o narrador-tataraneto revela a influência das missões católicas na África, dos convertidos ao islamismo e das religiões tradicionais africanas que são apresentadas a partir das vivências de Malã. Os importantes episódios conhecidos por Revolta dos Malês e das Chibatas, a abolição da escravatura, a chegada de imigrantes europeus para substituir o trabalho escravo e mesmo as recentes lutas que culminaram em "leis obtidas graças ao empenho dos movimentos negros organizados" são envolvidos pelo autor nas tramas do enredo.

Cleber: Outro detalhe do livro é que a sabedoria popular está presente nos provérbios africanos que abrem os capítulos e dialogam com termos mais esclarecedores (e mais científicos) trazidos pelos novos vocábulos utilizados e, em seguida, explicados em seu contexto. Para além do literário, a leitura permite um conhecimento dos mais variados modos de se viver a religião, mostrando a fusão do catolicismo com o islamismo e mesmo com as formas mais alternativas de ligação com o sagrado. Um livro bem indicado para os jovens, com linguagem concisa e que permite uma abordagem panorâmica para os principiantes na temática e envolvente para os já iniciados. Nova aposta para a escola desmistificar o modo como se vive a fé entre os povos negros, seja do Brasil, seja do continente africano.

Sueli: Ah, Cleber, falando em continente africano, lembra das nossas discussões sobre o livro *Mzungu* do queniano Meja Mwangi?

Cleber: Nossa, Sueli, um livro delicioso para o público juvenil. Narrado em primeira pessoa, conta as peripécias dos garotos Kariuki e Nigel, negro e branco, aldeão e neto do todo-poderoso Bwana Ruin, respectivamente. Em meio às aventuras vividas na selva e a selvageria do sistema imposto pelos dominadores britânicos aos nativos durante o governo colonial no Quênia, os protagonistas fortalecem – salva-guardando todas as diferenças – uma amizade que sobrevive às tensões pelas lutas por liberdade e pela exploração por parte dos ingleses. Quero destacar uma passagem cuja representação social revela a mesma violência sofrida no plano sociopolítico também nas relações familiares. "O menino branco não sabia o terror que era a vida de uma criança de aldeia como eu. Não podia ver nada, ouvir nada, dizer nada ou fazer nada sem pedir antes a permissão dos adultos" (2006, p. 49). Outro momento significativo que traduz essa violência, embora descrita com maior literariedade, encontra-se em "Da última vez que contei a meu pai que alguém me batera na escola, ele me acusara de ser covarde e me dera uns cascudos adicionais. De modo que voltei para a escola e devolvi a surra ao valentão. A mãe do menino reclamou à minha mãe. Ela contou a meu pai e eu apanhei por causa disso também" (p. 63).

Sueli: Gosto demais da compreensão desse universo de transi-ção entre o mundo infantil e a adolescência proposta pelo queniano Mwangi. Já que atravessamos o Atlântico quero aproveitar também para falar de uma obra que traz o protagonismo de outras duas crian-ças. Um livro recente que me encantou: *AvóDezanove e o segredo do soviético*, do angolano Ondjaki. Com questionamentos filosóficos e devaneios poéticos, o narrador conta as aventuras ocorridas na Praia do Bispo em função da construção de um mausoléu para guardar o corpo do ex-presidente Agostinho Neto e a ameaça circundante de desalojar os moradores. Ambientado com informações históricas e com pitadas biográficas, os personagens – verdadeiros tesouros literários – surpreendem pela caracterização e pela sensibilidade que os constitui. Com os olhos e ouvidos atentos, as crianças do bairro desconfiam das tramas dos "lagostas azuis", como eram chamados os soviéticos.

Cleber: Queria chamar atenção para a construção estética deste trecho: "Os adultos pensam que a nossa vida é só brincar. Não é bem assim. A vida de Charlita nem sempre era fácil com a missão de dividir os óculos dela na hora da telenovela, porque as irmãs também queriam utilizar os óculos para ver bem" (2009, p. 31). "Uma tristeza de lágrimas me chegou logo nos olhos e tive que disfarçar que era do sol" (p. 56). A obra surpreende pelo belíssimo trabalho com a linguagem. É narrada num misto entre o português coloquial falado em Luanda com as digressões de fala e pensamento dos "miúdos". Merecem destaque também a silenciosa presença da AvóCatarina e AvóAgnette – chamada por motivos particulares de AvóDezanove.

Sueli: A busca pelo segredo costura a trama com originalidade entre o narrador e seu melhor amigo: o 3,14. Amizade com ares e preocupações de gente grande: "– Ouvi dizer que os peixes são muito esquecidos. – Querias esquecer? – Acho que não. Se eu tiver sete filhos, como é que vou fazer para ter estórias boas de contar? – Não te preocupes com as estórias. As estórias boas de contar são as que nós inventamos". [...]

Cleber: Eis uma boa *estória* inventada. Poética. Inteligente. Aliás, você me apresentou um livro de poemas desse mesmo autor. Eu preciso pedir para você falar do livro *Há prendisagens com o chão – o segredo húmido da lesma e outras descoisas.*

Sueli: Esse jovem poeta, de apenas 35 anos e doutor em Estudos Africanos, nada contaminado pelo mundo acadêmico, é alguém que – ao poetar – diz "apetece-me chãonhe-ser-me". Somente isso já diz a que vem. Recém-descobridor de nosso poeta maior Manoel de Barros, refere-se em nota final, sem teorizar sobre isso, a influência das obras sobre as obras. Nesse livro, presenteia-nos com aforismos poéticos dos mais interessantes, como: "amizade: há preferências que seja húmida, pois mundo está a isolar pessoas assim amizade procura por ela que pessoas se escorreguem para algum encontro" (p. 62-63). Além disso, os versos de Ondjaki são um convite a uma prosaica e, ao mesmo tempo, intelectualizada contemplação da palavra, o que propicia, sem dúvida, uma aproximação do leitor consigo mesmo. Não há – com ele – como não descer ao chão e conhecer-se. Livros como esse normalmente agradam aos jovens que andam atrás de si mesmos, sem saber que o fazem. Vai da sensibilidade dos professores fazer obras como essa serem exploradas na escola.

Cleber: Já que saímos um pouco da narrativa tradicional e entramos nesse campo poético tão sensível do Ondjaki, não posso deixar de trazer para o nosso bate-papo o livro de narrativa visual *Selvagem*, de Roger Mello. Aqui, nem autoria nem temática africana ou afro-brasileira, apenas a ambientação. Uma África silenciosa, sem palavras, apenas construída com imagens. Um homem está sentado na poltrona da sala com o retrato de um tigre em suas mãos. No álbum que estampa as fotos de seus preciosos feitos como caçador, falta, justamente, o felino observado. O tigre é emoldurado pelo "civilizado", que, após arrumar-se diante do espelho, prepara seu arsenal de caça e parte para mais uma empreitada. Na suntuosa sala tudo está imóvel. Como num passe de mágica – de dentro do porta-retrato em que está –, o tigre levanta-se e fita o leitor. Faz meia volta e vai andando até sumir. Numa mudança brusca de perspectiva, desloca-se o campo visual de quem os acompanha. O cômodo, agora visto sob outro ângulo, deixa transparecer animais empalhados e, pela porta dos fundos, vê-se o tigre que também parte.

Sueli: Interessante, Cleber, é que o clima de imobilidade cede lugar à sensação de movimento, tensão. Um giro panorâmico pelo ambiente, duas portas, duas saídas, muitas possibilidades. Na arte, homem e animal podem ser representados e apresentados ao público de modo distinto da vida real. Selvagem não precisa ser necessariamente o que se constitui de natureza não civilizada ou própria das selvas. No jogo literário dessa cena, os campos semânticos "selvagem", "grosseiro", "intratável", "rude", "sem cultura", "inculto", "agreste" talvez queiram emprestar sentido para quem se julga mais racional, superior aos demais. Na histórica e cultural construção da civilidade, "selvagem" era quem não possuía uma natureza humana. No pensamento moderno de Rousseau, o "bom selvagem" estava em contraposição ao homem infeliz e cheio de vícios, produto do mundo civilizado.

Na pós-modernidade o mesmo termo "selvagem" é rejeitado pelas ciências sociais devido às conotações etnocêntricas que estabelecem o modelo a partir do berço europeu.

Cleber: Essa história poderia servir de metáfora para a cultura e a literatura que ora analisamos. Vou dar o exemplo da mitologia iorubá. Diferentemente do que ocorre na mitologia de outros povos, a exemplo dos gregos, nórdicos ou celtas, o conhecimento desses mitos, muitas vezes, causa desconforto e gera preconceito por tratar-se de narrativas vivenciadas ainda hoje nos terreiros das religiões afro-brasileiras. Talvez isso explique um pouco do medo e da discriminação que eles provocam na sociedade de modo geral e prova a relevância de sua publicação para os pequenos, pois normalmente é tratada como de natureza selvagem, primitiva. Quando um grupo social estabelece os critérios do justo, correto e moral, define a relação entre os indivíduos e sua natureza com aquela que os circunda. Ao nascermos, herdamos essas "virtudes" com tamanha naturalidade que passamos a crer em nossa superioridade manifestada nos princípios civilizatórios. Esquecemo-nos, no entanto, de que elas são criações históricas e culturais. Padrões frequentemente questionados e relativizados pelos métodos especulativos da filosofia ou nas infinitas imagens criadas pelos artistas.

Sueli: Eis o mundo infinito de possibilidades que se abre com essa pequena amostragem que fizemos até aqui. A questão agora, Cleber, é como tratar disso tudo na escola sem transformar a literatura em ensinamento e as questões étnicas em regras preestabelecidas.

Cleber: A legislação e as diretrizes curriculares possibilitaram essa abertura de trazer para o espaço escolar esse amplo debate sobre o tema. O segundo passo, certamente, está na seleção criteriosa de toda essa imensa quantidade de publicações lançadas mensalmente nas estantes das livrarias. Arrisco dizer que o próximo passo tem a ver com as estratégias de exploração lúdica realizadas após a leitura dessas narrativas que, não sendo significativas para os alunos, invalidam e esgotam todos os esforços anteriores.

Fim de papo

> *Os acontecidos aconteceram alguma vez, ou quase*
> *aconteceram, ou não aconteceram nunca, mas têm uma*
> *coisa de bom: acontecem cada vez que são contados.*
> Eduardo Galeano

Cleber: Se ler é atribuir sentido, o que esperar da leitura literária que sempre é plurissignificativa? E, confrontando tantos jeitos distintos de ver – próprios da natureza constitutiva dessa arte –, o que dizer quando a ela se acrescenta toda a riqueza humana e cultural produzida nesse encontro com as africanidades? Do diálogo entre um continente e um país com dimensões continentais, um imenso repertório de contados guarda memórias, crenças, lutas e sonhos. Faz-se necessário, Sueli, pontuar a margem e fechar o recorte, assumindo e acreditando em nossas escolhas.

Sueli: Pois é, Cleber, a Emília do Lobato diria que isso de começar não é fácil, melhor é terminar. Basta colocar um ponto final e escrever um *finis*, em latim. Eu diria, porém, que esse assunto é profundo, complexo e não se bastaria, naturalmente, com este livro. Então, isso de terminar também não é tarefa fácil. Quanto mais nos faltaria dizer? E quanto ainda há por fazer?

Cleber: Bom, Sueli, já que temos de concluir gostaria de citar algo que li na obra de Prandi, lembrando do nosso objetivo com essas conversas sobre literatura afro-brasileira para crianças e jovens. "Voltar à África não para ser africano, ou para ser negro, mas para recuperar um patrimônio cuja presença no Brasil é agora motivo de orgulho, sabedoria e reconhecimento público, para ser o detentor de uma cultura que já é ao mesmo tempo negra e brasileira" (PRANDI, 2007, p. 13).

Sueli: Bem lembrado, Cleber. Também quero finalizar lembrando a importância dessa interlocução entre professores e interessados na área. As análises dos processos estéticos e temáticos permitem estabelecer vínculos com a produção africana e afro-brasileira. Além das reflexões sobre a constituição de um acervo de qualidade para referência na área, importa dialogar com os discursos e suas escolhas enunciativas, no plano tanto do dito como do não dito, no ilustrado ou até mesmo no silenciado.

Cleber: Então muito obrigado pelo bate-papo, Sueli. Pela possibilidade de dialogar com você e todo o seu conhecimento na área do ensino e da crítica literária. Espero poder continuar essa conversa o mais breve possível.

Sueli: Obrigada, Cleber. Também quero continuar, afinal, enquanto estamos concluindo esses diálogos, novos livros com temática e/ou autoria africana ou afro-brasileira devem estar chegando às prateleiras das livrarias.

Referências

BARICCO, Alessandro. *I Barbari: saggio sulla mutazione*. Milano: Feltrinelli, 2008.

BRASILIDADE. In: FERREIRA, Aurélio Buarque de Holanda. *Novo Aurélio século XXI – o dicionário da língua portuguesa*. Rio de Janeiro: Nova Fronteira, 1999.

ECO, Umberto; CARRIÈRE Jean-Claude. *Non sperate di liberarvi dei libri*. Milano: Bompiani, 2009.

FERREIRA, Felipe. *O livro de ouro do carnaval brasileiro*. Rio de Janeiro: Ediouro, 2004.

GALEANO, Eduardo. *O livro dos abraços*. Porto Alegre: L&PM, 2003.

LOPES, Nei. *Dicionário de termos africanos*. Rio de Janeiro: Pallas, 2008.

LOPES, Nei. *Dicionário escolar afro-brasileiro*. Rio de Janeiro: Pallas, 2006.

NERUDA, Pablo. *Livro das perguntas*. Trad. Ferreira Gullar. Il. Isidro Ferrer. São Paulo: Cosac Naify, 2007.

PRANDI, Reginaldo. As religiões afro-brasileiras nas ciências sociais: uma conferência, uma bibliografia. *Revista brasileira de informação bibliográfica em Ciências Sociais*. São Paulo, p. 07-30, jan./jul. 2007.

PRANDI, Reginaldo. *Mitologia dos orixás*. São Paulo: Companhia das Letras, 2001.

QUINTANA, Mario. *Caderno H*. Porto Alegre: Globo, 1973.

XAVIER, Marcelo. *Festas: o folclore do Mestre André*. 9. ed. Belo Horizonte: Formato, 2012.

Referências complementares – infantis juvenis

Livros ficcionais

AMADO, Jorge. *O compadre de Ogum*. São Paulo: Cia. das Letras, 2012.

ANTONIO, Luiz. *Minhas contas*. São Paulo: Cosac Naify, 2008, s.p.

ANTONIO, Luiz. *Uma princesa nada boba*. Il. Biel Carpenter. São Paulo: Cosac Naify, 2011, s.p.

BARBOSA, Rogério Andrade. *A caixa dos segredos*. Rio de Janeiro: Galera Record, 2010.

BARBOSA, Rogério Andrade. *A tatuagem: reconto do povo Luo*. Il. Mauricio Negro. São Paulo: Gaivota, 2012.

BRASIL. Congresso Nacional. Lei n. 10.639 de 9 de janeiro de 2003. Altera a Lei n. 9.394, de 20 de dezembro de 1996, que estabelece as diretrizes e bases da educação nacional, para incluir no currículo oficial da Rede de Ensino a obrigatoriedade da temática "História e Cultura Afro-Brasileira", e dá outras providências. *Diário Oficial [da] República Federativa do Brasil*, Brasília, DF, 10 jan. 2003. Disponível em: <http://www.planalto.gov.br/ccivil_03/leis/2003/l10.639.htm>. Acesso em: 19 ago. 2013.

BRAZ, Júlio Emílio. *Lendas negras*. São Paulo: FTD, 2001.

BRAZ, Júlio Emílio. *Moçambique*. São Paulo: Moderna, 2011.

CASTANHA, Marilda. *Mil e uma estrelas*. São Paulo: Comboio de Corda, 2011, s.p.

CICERO, Antonio *apud* PONTES, Luciano. *Deslembrar*. São Paulo: Larousse Junior, 2009.

FRANCO, Olívia de Mello. *Menino parafuso*. Belo Horizonte: Autêntica, 2008.

GUIMARÃES, Geni. *A cor da ternura*. Il. Saritah Barboza. São Paulo: FTD, 1989.

ISADORA, Rachel. *A princesa e o grão de ervilha*. São Paulo: Farol, 2010.

LACERDA, Nilma. *Sortes de Villamor*. São Paulo: Scipione, 2010.

LAGO, Angela. *Outra vez*. Belo Horizonte: Miguilim, 1984.

LOBATO, Monteiro. *A reforma da natureza*. São Paulo: Globo, 2008.

LOBATO, Monteiro. *Memórias de Emília*. 11. ed. São Paulo: Brasiliense, 1962.

MACHADO, Ana Maria. *Menina bonita do laço de fita*. São Paulo: Ática, 1997, s.p.

MANJATE, Rogério. *O coelho que fugiu da história*. Il. Florence Breton. São Paulo: Ática, 2009.

MELLO, Roger. *Selvagem*. São Paulo: Global, 2010.

MENDONÇA, Adriana. *Entre mundos*. Belo Horizonte: RHJ, 2005.

MOLIST, Pep; URBERUAGUA, Emilio. *Dois fios*. São Paulo: Cosac Naify, 2012.

MUNDURUKU, Daniel. *Tempo de histórias*. São Paulo: Moderna, 2005.

MWANGI, Meja. *Mzungu*. Trad. Marcelo Pen. São Paulo: SM, 2006.

NEVES, André. *Obax*. São Paulo: Brinque-Book, 2010.

ONDJAKI. *AvóDezanove e o segredo do soviético*. São Paulo: Cia. das Letrinhas, 2009.

ONDJAKI. *Há prendisagens com o chão – o segredo húmido da lesma e outras descoisas*. Rio de Janeiro: Pallas, 2011.

PRANDI, Reginaldo. *Ifá, o adivinho*. São Paulo: Cia. das Letrinhas, 2002.

PRANDI, Reginaldo. *Oxumarê, o arco-íris*. São Paulo: Cia. das Letrinhas, 2005.

PRANDI, Reginaldo. *Xangô, o trovão*. São Paulo: Cia. das Letrinhas, 2003.

ROSA, Sonia. *Fuzarca*. Il. Tatiana Paiva. São Paulo: Brinque-Book, 2011.

SANTOS, Joel Rufino dos. *A botija de ouro*. São Paulo: Ática, 1984.

SANTOS, Joel Rufino dos. *Dudu Calunga*. São Paulo: Ática, 1986.

SANTOS, Joel Rufino dos. *O saci e o curupira*. São Paulo: Ática, 1986.

TANAKA, Béatrice. *A história de Chico Rei*. São Paulo: SM, 2010.

VALE, Mario. *O almoço*. Belo Horizonte: Formato, 1987.

VALE, Mario. *Passarolindo*. Belo Horizonte: RHJ, 1989.

ZIRALDO. *O menino marrom*. São Paulo: Melhoramentos, 1986.

ZOTZ, Werner. *Apenas um curumim*. Florianópolis: Letras Brasileiras, 2004.

Este livro foi composto com tipografia Bembo e impresso
em papel Offset 90 g/m² na Gráficas Paulinelli